초등 6학년

"17년동안
초등 6학년을 지도한
담임교사의
현장 학습법"

초등
6학년

초판 1쇄 발행 2012년 2월 24일

지은이	황연성
펴낸곳	도서출판 이비컴
펴낸이	강기원
편 집	박상현
표 지	이승현
마케팅	김동중, 이은미

주 소	(130-811) 서울 동대문구 신설동96-24 세원빌딩402호
전 화	(02)2254-0658 팩 스 (02)2254-0634
이메일	help@bookbee.co.kr
등록번호	제6-0596호(2002.4.9)
ISBN	978-89-6245-075-0

ⓒ 황연성 2012

- 책값은 뒤표지에 있습니다.
- 이 책은 도서출판 이비컴이 저작권와의 계약에 따라 발행한 것이므로 허락 없이 어떠한 형태나 수단으로 복제할 수 없습니다.
- 파본이나 잘못 인쇄된 책은 구입하신 서점에서 교환해드립니다.
- 이 책의 국립중앙도서관 출판시도서목록(CIP)은 e-CIP 홈페이지(www.nl.go.kr/ecip/)에서 이용하실 수 있습니다.(CIP제어번호 : 2012000780)

초등 6학년

"17년동안 초등 6학년을 지도한 담임교사의 현장 학습법"

이비락 樂

프롤로그

성공적인 삶을 가꾸는 디딤돌, 초등6학년이 되길 꿈꾸며

　초등학교 6학년 시절은 청소년기와 사춘기가 시작되는 중요한 시기이다. 친구와의 사회적 상호작용에 적극적으로 참여함으로써 이제까지 자신에게 주어진 예절이나 도덕에 대한 일방적인 복종에서 벗어나게 되는 도덕적인 사고에 변화를 가져오는 때이기도 하다. 6학년 아이들은 앞으로 6년 뒤에 다가올 대학입시라는 경쟁에서 승리하도록 주변으로부터 많은 압력에 시달린다. 그러나 공교롭게도 초등학교 6학년 아이들은 그러한 상황을 자신의 삶에 도움이 되도록 만들어주는 정신적, 육체적인 조절력이 제대로 갖추어지지 않은 상태이다. 학부모님들 또한 자립하려는 자녀들의 변화된 행태를 인정하고 적응하기 매우 어려워한다. 심지어 최근에 학교 현장의 초등학교 선생님들의 대부분은 여러 가지 혜택에도 불구하고 6학년 아이들과 생활하는 것에 많은 부담을 가지고 6학년 아이들을 담임하길 피하고 싶어한다는 통계가 있다.

　1982년부터 초등학교 6학년 담임교사를 시작해 지금까지 17년 동안 6학년 아이들을 지도하면서 그들의 갈등과 그것을 해소하기 위한 학습방법이나 생활지도 기법 등을 아이들과 함께 꾸준히 체득해 왔다. 물론 초등학교 현장에서 30년 정도 생활하는 동안 10년 단위를 주기로 아이들의 의식이나 행태와 더불어 그들을 둘러싼 외부환경 등도 많은 변화를 거듭해 왔다. 가장 중요한 변화는 일류대학 입학이라는 명제가 큰 숙제로 따라다녔고 학부모님들의 요구 또한 그것과 발맞추어 아이들의 학원 수강이나 과외공부를 통한 학교 외의 활동 영역이나 비중이 세월이 흐를수록 더욱 더 많아지고 있다는 것이다. 더불어 각종 통신 기능의 발달로 인해 교사와 아이들 간의 관계 방식이 현저하게 변화되었다. 그래서 우리는 불과 10년 전만 해도 쉽게 상상하지 못했던 방법으로 정보와 자료들을 교환하고 소통하면서 살고 있다.

"저는 공부할 때 집중하기 매우 힘들어요. 제 나름대로 열심히 하는데 성적이 잘 안 나와서 고민이 많아요."

"우리 아이는 스스로 알아서 공부를 하지 않고 생활태도도 좋아지지 않고 있어서 걱정이에요."

"수업시간에 열심히 가르쳐 주었는데에도 성적이 제대로 나오지 않고 아이들의 생활태도도 제가 바라는 대로 변화하지 않아요."

초등학교 6학년인 학생들, 학부모님들과 선생님들은 공통적으로 초등학교 6학년 시기를 만족과 감사의 마음 한편에 불만족과 불안의 마음이 큰 비중을 차지하고 있는 것을 쉽게 발견할 수 있다.

'6학년 아이들은 공부하는 방법을 제대로 알지 못하고 올바른 생활태도를 갖기가 힘든 시기인데 어떻게 사회에서 기대하는 이상적인 아이들로 변화하길 바랄 수 있다는 말인가?', '왜 6학년 아이들에게 스스로 걷지도 못하는 데 뛰라고 요구하고 있는가?' 와 같은 생각을 많이 해 왔다. 뛰기 전에 먼저 스스로 걸을 수 있도록 도와주어야 한다. 자신의 내면에서 자연적으로 우러나와 걷기도 하고 뛰기도 해야 한다. 즉 남이 시키지 않아도 자신이 해야 할 일들을 찾아서 스스로 해낼 수 있도록 해야 한다는 것이다.

공부에는 왕도가 있다. 비법도 있다. 그것은 오직 하나, 각 과목별·영역별로 공부하는 기본 원리와 법칙을 포함한 공부 방법을 충실히 실천하는 것이다. 학력은 오랜 기간에 걸쳐서 길러진다. 무조건 열심히 공부하고 생활한다고 해서 아이들의 학력이 길러지는 것이 아니다. 각 과목이나 학습 주제에 알맞은 공부방법과 더불어 수시로 변화하는 학교와 사회의 흐름에 대처할 수 있는 유연한 방법을 터득하고 실천해야 가능하다.

자식을 사랑하지 않는 부모는 없고 학생을 올바르게 지도하고 싶지 않는 선생님도 없다. 사랑한다는 명분아래 아이가 할 일을 대신해 주는 부모보나는 아이가 할 수 있는 일들은 아이 스스로 생각하고 행동할 수 있도록 절제할 줄 아는 부모가 되어야 한다. 선생님도 물론 예외일 수 없다. 교사들은 아이들이 각 교과의 특성에 알맞은 공부 방법을 터득하고 실천하도록 도와주어야 한다. 더불어 사회의 축소판인 학급 내에서 어떻게 생각하고 말하며 행동해야 하는지에 대한 구체적인 성품을 지니는 데 전문성을 발휘해야 한다.

21세기에서 우리 아이들이 저마다 행복한 삶을 살아가도록 하기 위해서는 지능지수, 감성지수, 문화적 차이를 잘 이해하는 문화지수들이 조화롭게 발달되어야 한다. 이처럼 사회적 요구가 다양하게 변화하는 미래를 살아갈 학생들의 교육을 위해 '무엇을, 어떻게 안내하고 배우도록 해야 하는가?'에 대해 많은 고민을 해야 한다.

학습자 중심의 수업 상황에서 학습자 개개인의 흥미와 능력이 고려되면서 기쁨이 있는 수업이 되도록 문제 발견의 기쁨, 문제 해결의 즐거움, 실제 삶과 비교하여 연결되는 희열을 느끼도록 해야 한다. 나아가 배움 자체에 대한 사랑, 건전한 자기 사랑과 친구, 부모님, 선생님을 인정하고 그들과 더불어 살아가야할 인성을 갖추도록 노력을 아끼지 말아야 한다.

다행스럽게도 최근 몇 년 사이에 우리 교육 현장에서는 '다 함께 잘 사는 사회'를 만들기 위한 힘이 꿈틀되고 있다. 이를 뒷받침하고 있는 요소들에는 생명의 소중함과 생태적 관점, 사회적 약자에 대한 배려가 있다. 그리고 자기주도적 학습과 태도 및 이를 바탕으로 한 각 과목의 효율적인 학습능력, 자기표현력과 의사소통 및 조절능력, 정보 수집과 새로운 지식 창출 능력 등이 주목받고 있다.

이러한 전 세계적인 추세에 선도적으로 동참하는 시대적 일꾼이 되기 위해서는 초등학교 6학년 학생 때부터 '공부하는 방법의 공부'가 이루어져야 한다. 뿐만 아니라 그들이 타인의 소유물이나 성취물을 탐내지 않고 다른 사람들을 인정하고 부족한 점들을 감싸주며 이해하는 성품을 지니도록 도와주어야 한다.

초등학교 6학년 아이들과 함께 17년 동안 생활했던 경험에서 터득한 공부방법과 생활지도 사례들이 이 책에서 다루어지고 있다. 부디 이 책이 초등학교 6학년 학생들의 아름다운 삶을 이룩하는 데 굳건한 뿌리가 되고 디딤돌이 되어 저마다 멋진 운명을 가꾸는데 기여하길 바란다. 끝으로 1982년부터 2012년 현재까지 부족한 선생님과 함께 열심히 생활해준 제자들과 긍정적인 마음으로 지원하고 고민해주신 학부모님들에게 고마운 마음 그득하다. 그리고 이렇게 책이 되어 나오기까지 정성을 다해 편집하고 출판해 주신 출판사 사장님과 직원분들에게 감사의 마음을 전하고 싶다.

2012년 2월

황연성

차 례

프롤로그 / 5
성공적인 삶을 가꾸는 디딤돌, 초등 6학년이 되길 꿈꾸며

제1부 만남은 교육에 앞서 있다 / 15

운명적으로 만난 28명 아이들과 510명의 학생들을 길러낸 선생님

01 록산초교 6학년 4반의 첫 만남 / 16
02 6학년 4반의 학습 방법 17가지 / 26

제2부 꿈을 찾는 초등6학년의 자기관리 / 37

자기주도적 학습 태도는 효율적인 학습능력과 새로운 지식 창출의 능력을 낳는다.

01 자기주도 학습 ① 꿈과 비전 / 38
꿈과 비전은 인생의 확실한 설계도이다.

02 **자기주도 학습** ② 시간관리 / 57
인생은 시간이라는 조각도로 만들어가는 예술품이다.

03 **자기주도 학습** ③ 환경관리 / 62
공부방 분위기는 어항의 물고기가 생활하는 물과 같다.

04 **자기주도 학습** ④ 컴퓨터, 휴대폰 사용관리 / 71
컴퓨터와 휴대폰은 좋은 친구이자 강력한 적이 될 수 있다.

05 **자기주도 학습** ⑤ 건강관리 / 75
건강한 몸과 마음은 평생 동안 자신을 도와줄 가장 큰 자산이다.

멋진 성공으로 안내할 6학년 학습 비법 / 81
어떤 과목을 어떻게 공부하느냐에 따라 삶의 모든 것이 달라진다.

01 **수학과 STAD 협동 학습** / 82
어렵고 공부하기 싫은 수학도 쉽고 즐거운 공부로 변하게 해주는 방법이 있다.

02 **과학과 구성주의 학습** / 89
이제까지 내가 알고 있었던 것을 스스로 공부하면서 점검하고 깨달음의 희열을 만끽하자.

03 **사회과 프로젝트 학습** / 100
공부주제 선정부터 조사내용, 발표까지 친구들과 함께 창의적인 주체가 되어 보자.

04 **수학과 현실적용 학습(RME)** / 113
수학공부를 일상생활에 적용하면 많은 것들로부터 수학적 요소를 찾게 되어 기쁘다.

05 **전 과목에 사용되는 토의학습** / 130
친구들을 존중하고 의견을 경청하면서 이야기를 하다보면 정답이 보인다.

06 **도덕·국어·사회과 디베이트 학습** / 140
세상의 다양한 분야에 걸친 논제들을 가지고 찬성과 반대로 나누어서 토론하다 보면 현상을 360°로 바라보는 지혜로운 눈을 가지게 된다.

〈Tip〉**강추! 디베이트 논제 20개** / 195
토론에서 논제는 생각이라는 기차의 레일이다.
여러 방향으로 레일을 깔아보자.

07 **정보재택 학습** / 196
집에서 인터넷과 문헌 조사를 통해 문제를 해결하고 새로운 지식을 쌓아가자.

08 **확실한 동기를 가진 영어 학습** / 201
영어는 외국어가 아니라 국제통용어이기 때문에 수시로 열심히 공부해야 한다.

09 **변화를 만들어내는 독서** / 207
지식을 쌓기도 하면서 자신을 변화시키는 독서습관을 만들자.

 **록산초교 6학년 4반 아이들의 아픔 극복기** / 217

사람과 물건에 대한 독점적인 소유욕을 절제할 줄 알아야 인생은 행복하다.

01 학급 내 절도 사건 해결 비법 / 218
학급에서 흔히 일어나는 절도 사건도 이렇게 처리하면 모두에게 축제가 된다.

02 집단 따돌림 극복기 / 228
오해가 풀어지면 집단따돌림이 집단화해와 집단접착제로 변화한다.

에필로그 / 237
초등학교 6학년 시절은 교실이 유토피아가 되어야 행복한 삶을 만들어 갈 수 있다.

운명은 자발적인 사람은 안내하지만,

그렇지 않은 사람은 질질 끌고 다닌다.　| 세네카

제1부

만남은 교육에 앞서 있다

운명적으로 만난 28명 아이들과 510명의 학생들을 길러낸 선생님

록산초교 6학년 4반의 첫 만남　01

6학년 4반의 학습 방법 17가지　02

01

록산초교 6학년 4반의 첫 만남

　록산초교 뒤에는 산의 전체적인 모습이 사슴 형상을 하고 있다고 해서 붙여진 록산이 있었다. 그 산의 남북능선을 중심으로 서울시와 경기도로 나뉘어져 있었다. 6학년 4반 교실은 총 5층 건물 중 4층에 있었다. 그 교실의 운동장 쪽 창 밖에는 20여 그루의 키 큰 소나무들이 작은 병풍 같은 배경을 이루고 있었고 뒤로 희미하게 늘어져 있는 호왕산의 부드럽고 긴 능선이 넓은 품으로 감싸주고 있었다.
　"이렇게 록산초교 6학년 4반 담임선생님과 학생으로 만나서 반가워요. 5학년 선생님들로부터 여러분들에 대한 이야기를 많이 들었어요."
　6학년 4반을 담임하게 된 지유엄 선생님이 환한 표정과 묵직하고 낮은 목소리로 말했다. 올해로 6학년을 17년 째 담임하게 된 지유엄 선생님은 처음으로 6학년에 올라와 교실에 앉아있는 학생들에게 인사를 나누었다. 선생님의 얼굴에서 살짝 긴장된 기색이 엿보였다.
　50대 초반인 지유엄 선생님은 정언교육대학을 졸업한지 30년이 되었지만 올해로 23년째 초등학생들을 지도하고 있었다. 지유엄 선생님은 교육대학을 졸업하고 록산초교에 근무하다가 20대 후반부터 30대 중반까지 7년 동안 변호사가 되기 위해 사법시험을 공부했다. 그렇지만 교사로서의 소질과 적성을 다시 확인하고 록산초교 교사로서 복직을 하게 되었다. 선생님은 초등학교 교사 23년 경력 중에서 6학년만 17년, 5학년을 3년, 여타 학년은 3년만을 지도하였다. 아마도 초등학교 교사들 중에서 초등학교 고학년을 20년이나 지도해 본 경험을 지닌 몇 안 되는 사람들 중의 한 사람이었다. 또한 고시공부를 했던 불씨가 꺼지지 않고 있어서인지 아이들을 가르치고 나서 퇴근 후에 교육대학원 석사과정을 마친 후 마침내 일반 대학원에서 교육학 박사 학위를 취득하기도 했다.

지유엄 선생님은 신학년도 3월 2일 첫 만남부터 아이들에게 강한 이미지를 심어 주고 최고의 교육효과를 거두어 주는 독특한 노하우를 가지고 있었다. 올해 담임하게 될 6학년 4반 아이들의 이름과 5학년 때까지의 생활뿐만 아니라 그들의 학력 수준에 대해 미리 어느 정도 깊이 있게 파악하고 있는 것도 그것의 한 부분을 차지하는 것이었다.

"선생님이 재미있는 질문을 할 테니까 아는 학생들은 대답해 봐요. 기독교 성경에 기록된 것으로서 인간의 조상들인 아담과 하와가 살았다가 쫓겨 난 곳의 이름은 무엇이지요?"

선생님은 처음 만나서 바짝 긴장되어 있는 아이들의 마음을 풀어주기 위해서 가볍게 퀴즈를 냈다. 6학년 4반 아이들 28명 중에서 거의 절반의 학생들이 손을 들었다.

"손을 들었거나 안 들었거나 관계없이 답을 알고 있는 사람들은 모두 말해 봐요."

"에덴동산입니다."

처음 만난 선생님께 좋은 인상을 남기려는 듯이 6학년 4반 아이들 거의 모두가 말의 시작은 약간씩 달랐지만 낭랑하고 힘찬 목소리로 대답했다.

"그러면 에덴이라는 뜻은 무엇일까요?"

6학년 4반 아이들은 에덴동산은 잘 알고 있었지만 에덴이라는 뜻에 대해서 전혀 알고 있지 못했기 때문에 선생님으로부터 갑자기 기습을 당한 듯한 표정을 짓고 있었다.

"낙원이라는 뜻이 아닌가요?"

남공생이라는 아이가 손을 들고 자신이 없는 목소리로 발표했다.

"맞았어요. 그러면 '낙원' 이란 어떤 내용을 담고 있는지 설명할 사람 있나요?"

6학년 4반 아이들 중 여러 명이 모두가 행복한 곳, 먹을 것, 입을 것 등을 염려하지 않는 곳 이라는 등의 발표를 했다.

"모두 좋은 답이에요. 우리 4반 학생들이 상식이 풍부하다는 것을 다시 한 번 확인하게 되어서 무척 기뻐요."

"에덴이란 기쁨, 환희라는 뜻을 가지고 있다고 해요. 그래서 우리 반의 별칭으로 에덴반이라고 부르고 싶은 데 여러분들의 생각은 어때요?"

"예, 좋습니다."

누가 대답을 함께 하라고 시키기라도 했던 것처럼 6학년 4반 아이들은 큰 소리로 일제히 답했다. 학생들 모두가 기쁨과 환희가 넘치는 학급이 되기를 바라는 마음의 표현인 것 같았다.

"오늘 선생님과 처음 만났는데 선생님께 건의하거나 물어 볼 이야기 있어요?"

지유엄 선생님은 학급의 주인공들인 학생들의 바람이나 궁금한 점들을 먼저 확인하고 싶었다.

4반 아이들은 초등학교 최고 학년인 6학년이었지만 아직까지는 5학년 학생으로서의 어린 면모가 남아있었고 새 학년을 맞이한 긴장감과 함께 설렘이 가시지 않아 보였다.

"선생님, 저희들은 학교에서나 집에서 너무 공부위주로 활동하고 있기 때문에 운동할 시간이 부족합니다. 가능한 자율체육을 많이 시켜주셨으면 좋겠습니다."

장래의 꿈이 축구선수이고 학교에 오는 가장 중요한 목적이 점심시간에 급식을 가능한 빨리 먹고 운동장에 나가서 축구를 하는 것이라고 알려진 이지성이 다소 장난기 있는 얼굴로 말했다.

"숙제를 가능한 적게 내 주시거나 저희들에게 꼭 필요한 숙제를 내 주셨으면 좋겠습니다."

근시가 심해 돗수가 높은 은색 뿔테 안경을 쓰고 여러 분야의 책들을 많이 읽어서 인지 5학년 때 록산 독서골든벨을 울리기도 했던 구성주라는 아이가 말했다. 성주의 말을 들은 지 선생님은 순간적으로 기분이 언짢기도 했지만 그다지 불순한 태도를 가지고 말을 하지 않았다고 생각해서 내색을 하지 않았다.

"공부를 스스로 하는 방법을 알려 주시고 특히 공부를 하는 과정이나 공부를 마치고 나서도 즐겁고 만족할 만한 공부 방법을 가르쳐 주시면 감사하겠습니다."

학교에서나 가정에서 자기 스스로 공부를 열심히 해서 5학년 때에도 전체에서 성적이 가장 우수했던 주도학이 말했다.

"모든 친구들이 사이좋게 지내는 학급 분위기를 만드는 데 신경을 써 주셨으면 합니다."

5학년 2학기 때 친구들과의 관계가 안 좋아서 힘들어했던 것으로 알려진 장화해가 건의했다.

"저는 수학이 제일 싫어요. 제 짝꿍 정토론도 수학이 지루하대요. 주변에서 수학이 사용된 예를 들어서 재미있게 설명해주셨으면 좋겠습니다!"

키는 제일 작으나 운동도 잘하고 특히 수학 공부를 좋아해서인지 실력도 뛰어나 수학영재부에서 활동하고 있는 현수실이 웃으면서 말했다.

"선생님께서는 다른 과목도 새로운 공부 방법으로 열심히 가르쳐 주시지만 특히 토의·토론 공부를 잘 지도해 주신다고 들었습니다. 사춘기에 있거나 앞으로 사춘기를 맞이하게 될 저희들의 고민을 덜어줄 수 있는 주제로 도움을 주셨으면 합니다."

자기의 의견을 적극적으로 말하면서 공부하기를 즐기는 정토론이었다.

"6학년은 초등학교의 최고학년인데 선생님께서 설명하시는 것과 함께 저희들이 모둠별로 공부할 것을 계획하고 조사해서 발표하는 시간을 많이 가졌으면 좋겠습니다."

생각에 골똘히 잠겨 있던 계푸른이 말했다.

6학년 4반 아이들은 그 외에도 공부를 재미있게 가르쳐 달라는 것과 과학실험을 많이 했으면 좋겠다는 것, 차별이나 편애를 하지 않으셨으면 고맙겠다는 등의 이야기를 했다.

지유엄 선생님은 이제까지 발표한 내용들을 적극 수용하겠다는 약속을 하고나서 교사소개와 바라는 학생의 모습 및 올해의 학급에서 이루어질 내용들이 적혀있는 유인물을 나누어 주었다.

"선생님이 나누어 준 유인물을 여러분들의 공부방에 있는 책상 주변에 잘 보관하여 한 해 동안 참고하길 바래요. 오늘 여러분들과 첫 번째 만난 날이지요? 그래서 올 한 해 동안 여러분들과 함께 하고 싶은 것들을 세 가지만 이야기 하려고 해요. 교육자로서 선생님의 철학이 담긴 것이니 만큼 잘 듣고 꼭 지켜주었으면 좋겠어요."

지 선생님은 매우 엄격한 표정과 근엄하고 묵직한 어투로써 아이들에게 이야기를 시작했다.

"먼저, 선생님은 약한 학생들의 입장을 이해하고 도와주고 싶어요. 이제까지 성적이 낮았거나, 친구들과 관계가 안 좋았거나, 운동을 잘못하는 아이 그리고 장난이 심했던 아이들의 입장을 최대한 이해해서 도와주고 싶다는 뜻이지요."

지 선생님의 설명을 듣고 있던 학생들의 표정이 자못 진지해 졌다. 이제까지의 담임선생님들이 학년 초에 강조한 말씀과 많이 달랐기 때문이다.

"두 번째로, 선생님은 '선생님' 보다 더 어려운 단계에 있다고 생각하는 '스승'이 되고 싶어요. 선생님과 스승은 어떤 차이점이 있을까요?"

대 여섯 명의 학생들이 손을 들어서 발표할 의사를 표시했다.

"제 생각에는 학생들에게 본보기가 되시는 선생님이 스승이라고 생각합니다."

계획을 세우고 실천하기를 좋아한다는 계푸른이 말했다. 푸른이의 5학년 내 남임선생님이 지유엄 선생님의 대학 후배여서 지 선생님은 계푸른의 모범적인 면모에 대하여 잘 알고 있었다.

"본보기가 곧 그 사람을 따라서 하고 싶은 모범 즉, 귀감이 된다는 것이지요. 그러한 것도 스승의 한 가지 요소라고 생각할 수 있지요."

"또 다르게 생각하는 사람?"

"스승이란 공부도 잘 가르쳐 주시지만 학생들의 마음 즉 인성까지도 올바르고 따뜻하게 지도해 주셔서 학생들에게 존경을 받는 선생님을 말한다고 생각합니다."

책을 열심히 읽고 생활태도가 바른 진사유가 자신 있는 어조로 또박또박 발표했다. 진사유 엄마는 사유가 2학년 때 록산도서관 개관을 위한 교수학습센터 도우미 요원으로 활동했었다. 그 때 지유엄 선생님이 록산도서관 담당 교사였기 때문에 진사유에 대하여 어느 정도 알고 있었다.

"여러분들도 지금 발표했던 계푸른과 진사유처럼 생각하고 있나요?"

"예"

에덴반 아이들은 두 친구의 발표를 듣고 같은 생각이라면서 일제히 대답했다.

"맞아요. 선생님도 두 친구가 발표한 내용처럼 생각해요. 그런데 그러한 스승이 되는 것이 쉬울까요?"

"어렵다고 생각합니다."

"쉽지는 않지만 멋진 선생님이라고 생각합니다."

여러 명의 아이들이 앉아서 자기 자신의 생각들을 이야기 했다.

"세 번째로 각 과목의 특성이나 학습할 내용에 알맞게 여러 가지 방법으로 재미있게 공부하려고 해요. 기대가 되나요?"

지유엄 선생님은 발표한 아이들의 의견을 매우 허용적인 분위기로 받아주면서 마지막 이야기를 이어갔다.

"예, 무척 기대가 되요."

"기대가 너무 크면 실망도 크다고 하니까 너무 크게 기대하지는 말고 약간만 기대했으면 좋겠어요."

"예, 알겠습니다."

지 선생님이 이야기했던 내용은 유익했지만 다소 지루해 진 아이들은 설명이 빨리 끝났으면 하는 마음을 담아 여느 때 보다 크고 강한 어조로 대답했다.

"이제까지 선생님이 강조한 세 가지는 어떤 것들이었지요?"

아이들에게 부드럽기도 하지만 엄격한 것이 교사에게 얼마나 중요한 덕목인가를 잘 알고 있는 지유엄 선생님은 아이들의 마음속에 확실하게 자리 잡도록 하기 위해서 정리 학습에 들어갔다.

"첫째, 약한 학생을 더 적극적으로 돕겠다. 둘째, 선생님보다 한 차원 높은 스승이 되어보겠다. 셋째, 여러 가지 공부 방법을 동원해서 재미있게 공부하겠다."

지 선생님은 이제까지 강조했던 것 세 가지 내용을 28명의 에덴반 아이들과 함께 점검했다.

"그러면, 스승이 되려는 선생님에게 어울리는 학생들은 어떻게 행동해야하지요?"

이어서 지 선생님이 아이들에게 바라는 것에 대해서 날카롭게 질문을 던졌다.

신생님 말씀이 끝나는 줄 알고 있었던 아이들은 시계를 쳐다보았다. 하지만 첫날에 선생님께 좋은 이미지를 보여드려야 한다는 욕심이 있었기 때문에 물어보시는 내용이 예사롭지 않은 것이라 흐트러지려는 마음을 다시 바로 잡지 않을 수 없었다.

 몇 몇 아이들이 손을 들었고 선생님은 약간 태도가 좋지 않아 보이는 아이를 지목했다.

 "예, 선생님의 윗 단계가 스승이니까 학생의 윗 단계인 제자가 되어야겠죠?"

 다소 왜소하지만 항상 히죽히죽 웃고 다니며 수학공부도 출중하게 잘하면서 머리가 뱅글뱅글 잘 돌아가는 현수실이 대답했다.

 "수실이의 발표가 정확했어요. 선생님은 스승다운 스승이 되려고 노력하고 여러분들은 제자다운 제자가 되려고 노력 해 봐요."

 또 다른 아이에게 한 번 더 물어 보려고 했으나 처음 날부터 너무 지루해지면 긍정적인 교육효과를 기대하기가 어렵다고 생각한 지 선생님은 현수실의 말을 정리해 주었다.

 에덴반 아이들은 6학년 첫날이자 개학식이라서 선생님과 친구들의 얼굴과 대략의 특성을 파악하고 일찍 하교할 것이라는 기대를 가지고 있었다. 그러나 그러한 기대가 두 번째로 무너지는 순간이었다.

 "선생님이 학교에 오는 까닭은 바로 여러분들을 보다 착하고 더욱 똑똑한 사람인 소위 스마트한 사람으로 자라는 데 도움을 주기 위해서 이지요. 그러면 여러분들은 어떻게 해야 하나요?"

 이제까지 부모님이나 선생님들의 이끌림에 의해서 자기 인생의 주도권을 빼앗긴 채로 수동적으로 살아 온 경험이 많은 아이들은 순간 당황하는 눈빛이 역력했다.

 지유엄 선생님은 6학년이면 어느 정도 자아가 형성되기 시작할 나이라고 생각해서 질문을 던졌다.

"저희들이 먼저 노력해야 된다고 생각합니다."

"그래요. 사람에 따라서 매우 힘들고 오래 걸릴 수 있지만 여러분 스스로가 주인이 되어서 자신의 생활을 이끌어 나가야 된다고 생각해요. 오늘은 선생님과 만난 첫 날이니까 집으로 돌아갈 때 모든 학생들이 선생님과 일일이 악수하고 헤어졌으면 좋겠어요."

지 선생님이 평소에 이야기할 때는 엄격한 표정이었지만 웃을 때에는 양쪽에 송곳니가 보여서 그런지 천진난만하고 귀여워 보였다.

"오늘은 초등학교 최고학년인 6학년이 된 첫 날인데도 모두들 잘 듣고 발표하는 태도가 좋았어요."

에덴반의 모든 아이들은 지유엄 선생님과 마음으로 눈빛을 교감하며 일일이 악수를 했고 교실을 빠져나와 신발을 갈아 신으면서 친구들과 이별 인사를 주고받았다.

02

6학년 4반의 학습 방법 17가지

 "도학아, 오늘 선생님께서 내주신 '나만의 꿈의 궁전' 숙제 어떻게 할 거니? 내 방을 소개하는 거 말이야."
 록산초교의 4층 계단에서 1층 출입구까지 내려오면서 활달한 성격을 가지고 1학기 회장에 출마할 결심을 굳히고 있는 나직설이 5학년 때 전교에서 학력이 가장 우수했었던 주도학에게 물었다.
 "직설아, 그 말을 답하기 전에 너는 선생님께서 왜 그런 숙제를 내주신 것으로 생각하니?"
 성격이 다소 왈가닥이면서 숨김없이 터놓고 이야기를 잘하는 직설이가 대답했다.
 "아마, 가정에서의 공부 장소인 우리들의 공부방을 우리 스스로 점검도 하고 친구들의 방들과 비교시키시면서 이상적인 공부방을 만들도록 하기 위한 앞 단계가 아닐까?"
 "너도 그렇게 생각했니?"
 "그런데, 숙제가 참 독특하지 않니?"

"어찌 보면 우리들의 사생활을 너무 많이 드러내는 숙제 같기도 하고 말이야."

"그래서 선생님이 자기가 사용하는 방의 곳곳을 꼭 사진으로 찍지 않아도 되고 밝히고 싶지 않은 것들은 나타내지 않아도 된다고 하신 것 같아. 그치?"

"오늘이 월요일이니까, 목요일까지 제출하고 뒤 보드에 붙여서 서로 비교해 보도록 한다고 하셨지?"

6학년 첫날의 느낌에 대해 이야기를 주고받은 주도학과 나직설은 집이 다른 방향이라 교문 앞에서 손을 흔들며 헤어졌다.

시사상식이 풍부하고 말하기를 좋아하는 정토론의 집은 청명산 아래에 새로 조성된 뉴타운 아파트 단지 내였다. 수학뿐만 아니라 다른 과목에서도 발 빠르게 대답을 잘하는 현수실과는 청명산 유림아파트 같은 동에서 살고 있었다. 초등학교 최고 학년인 6학년을 맞이한 첫 날 두 집의 아이들이 학교에 다녀온 후 학급의 분위기에 대해 이야기하기 위해 토론이와 수실이 엄마는 토론이네 집에서 저녁식사를 같이하기로 했다.

"오늘 처음 만났던 너희들의 6학년 담임선생님이 어떠신 분이니?"

매우 민감한 성격에 예절이 깍듯한 현수실 엄마가 스파게티로 저녁식사를 맛있게 먹고 있는 현수실과 정토론에게 물었다.

"선생님의 성함은 지유엄이시고 성함에서 풍기는 것처럼 매우 부드러우셨지만 엄격하신 것 같아요. 그렇다고 무섭지만은 않고 인상이 매우 **좋**으셨어요."

말이 빠르고 순수한 성격의 현수실이 말했다.

"토론이는 선생님을 첫 번째 만난 소감이 어떠니?"

"저는 지 선생님이 아주 인상적이었어요. 거의 40분 동안 우리들에게 올해 학급경영의 방향이나 내용들을 설명하실 때 엄청나게 진지하셨고 그냥 하시는 말씀이 아니라 반드시 실천해서 당신이 원하는 학생의 모습으로 만들어 내고야 말겠다는 강한 의지가 넘쳐나시는 것 같았어요."

"저 정토론이 말하는 것 좀 봐라."

토론이 엄마는 자기 아들의 말을 듣고 대견하게 여기고 있는 마음을 담아서 우쭐대며 칭찬하는 어투로 말했다.

"지 선생님이 40분 동안 말씀하셨으면 여러 가지 말씀을 하셨을 텐데 너희들이 한 가지씩만 이야기 해 줄래?"

정토론 엄마가 부드러운 미소를 보내면서 두 아이들에게 물어 보았다.

"저는 지 선생님이 말씀하신 것들 중에서 '약자의 편이 되도록 노력할 테니 협조를 부탁한다.'는 것이 제일 인상적이었어요. 이제까지 그런 말씀을 어느 선생님들로 부터도 들어 본 적이 없었거든요."

진지하고 정의감이 많은 정토론이 대답했다.

"저는 여러 가지 방법으로 재미있게 공부할 수 있도록 하겠다는 말씀을 하셨던 것이 가장 기억에 남아요. 지금까지는 제대로 모르고 있었지만 앞으로 천천히 공부하면서 알게 될 것이라고 하면서 그 공부 방법의 이름만 먼저 설명해 주셨어요."

현수실이 말했다.

수실이가 이야기한 것이 엄마들이 알고 싶어 했던 실질적인 내용이 들어 있었기 때문인지 두 엄마들의 표정이 밝았다. 잠시 후 민감한 성격의 수실이 엄마가 유도심문 하듯이 두 아이에게 가볍게 질문을 던졌다.

"교과서에 나오는 내용들을 충실하게 가르치시면 되지 색다른 학습

방법이 뭐가 있을까?"

"참, 오늘 선생님께서 나누어주신 유인물이 있어요. 그것에 선생님께서 말씀하신 공부 방법에 대한 제목들과 간단한 설명들이 있어요. 보여드릴까요?"

현수실이 까불거리며 물어보았다.

"그래, 그것이 어디에 있니?"

"예, 제 가방의 낱장파일 안에 들어있어요."

"가지고 와서 함께 살펴볼까?"

현수실과 정토론은 각자의 투명 낱장파일에서 공책을 펼쳐놓은 크기의 미색 모조지에 가지런히 인쇄된 유인물을 엄마들에게 보여주면서 설명했다. 그 내용은 크게 세 부분으로 나뉘어져 있었다. 첫 부분은 선생님의 소개로 출신학교와 그동안 공부했던 학교이력, 담당했던 학년 및 부장교사 경력, 주소와 전화번호, 좋아하는 명언 등이 적혀 있었다. 두 번째 부분은 선생님이 바라는 어린이상으로 다섯 가지가 적혀 있었다. 세 번째 부분은 지금 수실이와 토론이가 설명을 하려다가 멈추었던 여러 가지 학습방법에 대한 제목과 설명이 들어있었다.

두 아이의 엄마들이 유인물을 읽어보려던 참에 정토론 엄마의 휴대폰으로 전화가 걸려왔다.

"토론이 엄마. 구성주 엄마예요. 안녕하세요?"

"아유, 성주 엄마, 안녕하세요? 그런데 어떤 일이세요?"

"우리 성주와 토론이가 작년에도 같은 반이었고 올해도 또 같은 반이 되었다네요."

"저는 토론이에게 올해 같은 반이 된 친구들에 대해 아직 물어 보지 못하고 수실이 엄마하고 선생님에 대한 것들을 먼저 물어보고 듣고 있던 중이에요."

"그런데 부탁 좀 하려구요."

"뭔데요?"

"우리 성주가 성격이 너무 털털해서 오늘 선생님께서 나누어주신 유인물을 학교의 책상 속에 넣어두고 왔대요."

구성주는 평소에도 뒷정리와 정리정돈을 제대로 하지 못해서 학교에 사물함을 열면 그 안에 있던 내용물들이 와르르 쏟아져 나올 정도였다. 책상 속에도 여러 가지 유인물들이 마구 구겨 넣어져서 의자 위에까지 책과 공책들을 놓아두고 집에 가곤 했다.

"선생님 소개와 원하는 학생상 다섯 가지는 줄줄이 꿰고 있는데 세 번째 여러 가지 학습 방법들에 대해서는 잘 몰라서 물어 보려고 전화 드렸어요."

"참, 우리 토론이는 집에 들어올 때 들어보지도 못한 주문을 외우고 들어와서 저에게 알아 맞춰 보라고 하던데요."

"우리 성주도 그러던데……"

"뭐, 건도자창실 이라나?"

"계속 건도자창실, 건도자창실, 건도자창실이라고 지껄이는 거예요."

"호호호"

구성주 엄마는 전화로 부탁하는 상황을 잠시 잊고 건도자창실에 빠져서 토론이 엄마하고 이야기를 주고받았다.

"건강제일주의의 건강, 머릿속에 알고 있는 각종 예절들을 윤리라고 하고 그것들을 실천하는 것이 도덕, 원래 사람은 온전한 존재라는 굳은 믿음 때문에 스스로 잘 알아서 할 것이라는 자율, 새로운 것들을 생각하고 만들어내는 창의, 관심 있고 자신 있는 분야의 것들을 자기 것으로 만드는 실력이라고 줄줄이 읊고 있더라구요."

요요놀이 기구를 벌써 4년째 갖고 놀아서 인지 신기(神技)에 가까울 정도로 자유자재로 묘기를 선보이는 구성주는 머리도 비상한 학생이라고 정평이 나 있었다. 그렇지만 성주가 여러 가지 공부 방법들에 대하여 정확히 엄마에게 전달해 주지 못해서 성주 엄마가 토론이 엄마에게 요청한 것이었다.

정토론 엄마도 마침 유인물을 가지고 현수실 엄마와 함께 알아보려던 참이었기에 잘되었다고 생각하고 구성주 엄마에게 여러 가지 학습 방법들에 대해서 전화로 불러주었다.

"자기주도적 학습 방법 5가지 분야, 수학과 STAD 협동학습, 과학과 구성주의 학습, 사회과 프로젝트 학습, 수학과 현실 적용 학습(RME), 전 과목에 적용되는 토의 학습, 도덕·국어·사회의 디베이트 학습, 강추! 디베이트 논제 20개, 정보재택 학습, 확실한 동기를 가진 영어 학습, 변화를 만들어내는 독서, 학급 내 절도 사건 해결 비법, 집단 따돌림 극복기로 모두 17가지네요."

"몇 가지는 들어서 알겠는 데 정확하게 모르는 공부 방법들도 몇 개 있네요."

"저도 그래요. 그런데 매우 유익할 것 같아요. 이러한 공부 방법을 알게 된다면 우리 아이들이 큰 스트레스 없이 즐겁게 공부할 수 있을 것 같네요."

"더군다나 토론학습에 조예가 깊으신 분이기에 다방면에 있어서 더욱 기대가 되는 걸요."

구성주 엄마와 정토론 엄마 그리고 현수실 엄마는 지 선생님이 나누어준 유인물의 내용을 알고 나서 보면서 6학년 생활에 대한 기대감을 감추지 못했다.

계푸른 엄마는 진사유 엄마와 무려 여덟 살이나 나이 차이가 나기 때문에 진사유의 어머니에게 언니라고 부르면서 지내온 지가 벌써 5년째가 되었다. 6학년이 되어서 함께 교통봉사 어머니회원이 되자고 약속을 해 놓은 상태였다. 마침 3월 첫째 주가 에덴반 교통봉사 차례였다. 두 아이의 엄마는 교통안전이라는 노란색 깃발을 가지고 월요일부터 토요일까지 록산초교 후문 앞 횡단보도에서 교통봉사를 하고 있었다.

"언니, 우리 반에 5학년 때 친구들과 제대로 어울리지 못하고 학교에 등교해서도 수업시간에 자기가 하고 싶은 대로만 하는 남공생이라는 아이가 있다면서요?"

친구들 관계에 관심이 많은 계푸른 엄마가 진사유 엄마에게 물었다.

"나도 들었어. 그런데 그 남공생이 6학년 첫날부터 5학년 때와 많이 달라진 것 같다고 우리 사유가 말하더라구."

"그래요? 우리 푸른이도 6학년 첫날 집으로 돌아온 다음에 가장 먼저 이야기 한 것이 남공생에 대한 것이었어요."

"공생이는 여전히 숙제를 잘 안 해오지만 수업시간에 발표를 얼마나 잘 하는지 선생님으로부터 칭찬을 많이 받는다고 하던데."

"오늘이 6학년이 된 지 3일째 밖에 안 되었는데 공생이가 그렇게 달라질 수 있겠어요?"

계푸른 엄마는 진사유 엄마에게 남공생에 관해서 집요하게 질문을 계속했다.

"지유엄 선생님이 남공생이 등교하지 않은 시간에 남공생에 대하여 말씀해 주셨대. 선생님이 남공생 1학년 때 지금 같으면 '종일 돌봄 교실' 같은 형태의 에듀케어 교실을 운영하셨었대. 공생이 엄마가 회사의 일을 하시느라 늦게 귀가하여 남공생도 학교에서 오후 7시 이후까지 남아서 활동했었대. 그런데 공생이와 친구들 간에 문제가 생기면 우리 초등학교 앞 화단 나무에 들어가서 나오지 않기도 했고, 자기의 뜻과 잘 안 맞는 일이 있으면 선생님께 아무런 말도 없이 그냥 집에 가기도 했다고 이야기 해 주셨대."

진사유 엄마는 동생 같은 계푸른 엄마에게 사유로부터 들었던 남공생에 관한 이야기를 들려주었다.

"그러한 얘기가 에덴 반 학생들과 남공생에게 뭐 그렇게 큰 변화를 주었을까요?"

계푸른 엄마는 에덴반 아이들의 관계뿐만 아니라 학급 분위기에 미치는 영향에 대해서 고민해서인지 진사유 엄마에게 남공생에 대한 질문을 계속했다.

"우리 사유가 그러는데 지 선생님이 남공생의 마음을 이렇게 비유해서 설명해 주셨대. 푸른이 엄마도 경험해 보았겠지만 길에 넘어져 무릎이 까지면 피가 흘러서 굳게 되고 얇게 딱지가 지잖아. 그 때 그 곳을 조금만 건드려도 매우 아픈 것처럼 공생이의 마음은 평범한 아이들에게 대수롭지 않은 말에도 크게 상처를 입고 어찌할 바를 모르는 상태라는 거야. 그래서 공생이에게는 어떤 평가나 자극도 매우 아플 수 있기에 일단 공생이의 행동을 인정해 주는 노력을 하면 공생이의 마음도 결국 변화가 있을 것이라고 말이야."

"지 선생님이 우리 푸른이와 언니네 사유에게 특별히 잘 지내라고 말씀해 주셨다는 것이 생각나네요."

"그래도 우리 애들이 까다롭지 않고 무던한 성격이기 때문에 그렇게 부탁하셨겠지?"

"아무튼 올해 우리 6학년 4반 아이들과 지 선생님이 잘 화합하여 모두가 유익하고 즐겁고 행복한 시간들이 펼쳐졌으면 좋겠어요. 언니."

계푸른 엄마는 진사유 엄마의 설명을 들으면서 남공생에 대하여 푸른이가 이야기 한 것을 기억해 내며 말을 거들었다.

생각하는 대로 살아야 한다.

그렇지 않으면 결국 살아온 대로 생각하게 될 것이다. | Paul Bourget

제2부

꿈을 찾는 **초등6학년**의 자기관리

자기주도적 학습 태도는 효율적인 학습능력과 새로운 지식 창출의 능력을 낳는다.

자기주도 학습 ① 꿈과 비전　01
자기주도 학습 ② 시간관리　02
자기주도 학습 ③ 환경관리　03
자기주도 학습 ④ 컴퓨터, 휴대폰 사용관리　04
자기주도 학습 ⑤ 건강관리　05

01 자기주도 학습 ① 꿈과 비전

◎ 꿈과 비전은 인생의 확실한 설계도이다.

 3월 둘째 주 화요일 2교시, 도덕시간 시작 전 준비시간이 되었다. 에덴반 아이들은 도덕과 교과서의 1단원인 '귀중한 나, 참다운 꿈'에 해당하는 내용이 담긴 책을 펼쳐놓고 친구들과 삼삼오오 모여서 우유를 먹고 있었다. 지유엄 선생님이 쉬는 시간을 준비시간이라는 말로 고쳐서 사용하자고 이유까지 설명하면서 강조했지만 어떤 아이들은 노는 시간이라고 말하고, 또 일부 아이들은 그저 휴식시간으로 여기고 있었다. 28명의 에덴반 아이들 중에서 거의 절반의 아이들만이 다음 시간에 공부할 도덕책을 펼쳐 놓고 있었고 나머지 아이들은 1교시 때 공부했던 국어 듣기·말하기·쓰기 교과서를 그대로 책상 위에 펼쳐놓고 시간을 보내고 있었다. 1교시 국어시간에 황순원의 소설인 '소나기'를 드라마로 만든 것을 일부 시청하고 이어지는 이야기를 상상하여 써 본 내용을 재미있게 발표했다. 그래서인지 에덴반 대부분 아이들의 이야기꺼리는 소설 소나기에 등장하는 소년과 윤초시 손녀와의 순수한 사랑에 대한 것이었다.

2교시 시작을 알리는 음악이 울려 퍼지자 에덴반 아이들은 자기 자리에 서둘러 앉았다.

"오늘 우리들이 공부할 내용이 어떤 것이지요?"

지유엄 선생님이 교탁 앞에 서서 도덕시간에 공부할 주제를 물어 보았다.

"예, 귀중한 나, 참다운 꿈이라는 내용입니다."

남자 아이들 중에서 키가 두 번째로 크고 5학년 때 까지 친구들과 자주 다투었으며 자신의 감정을 제대로 조절하지 못해서 지 선생님께 자주 지적당하는 위신경이 발표했다.

"신경이는 6학년이 된 지금 꿈을 가지고 있어요?"

"네, 제 꿈은 3학년 때까지 저희 할아버지께서 강요하시던 대로 대통령이 되는 것이었지만 4학년 때부터 제 나름대로 제 수준을 알고 나서부터 대통령이라는 것은 제가 도저히 이룰 수 없는 꿈이라는 것을 알고 바꾸게 되었고 현재는 공정하게 판결하는 판사가 되는 것입니다."

"신경이의 발표를 듣고 어떤 생각을 하게 되었는지 누가 이야기 해 볼까요?"

"신경이가 발표한 것을 들어보니까 자신의 수준을 정확히 알고 자신이 원하는 꿈을 갖게 된 것이 잘했다고 생각합니다."

매우 큰 눈을 가지고 있어서 왕눈이라는 별명을 가지고 있으며 생각나는 대로 거침없이 말을 하는 나직설이 분명한 어조로 발표 했다.

"또 다른 생각을 가지고 있는 사람 있어요?"

"예, 저는 신경이가 3학년 때까지 할아버지와 같은 웃어른들의 기대를 무비판적으로 받아들여서 자신의 꿈을 생각했었지만 4학년 이후부터 자신의 소질이나 흥미 등을 가지고 꿈을 찾게 된 것이 참 다행스럽다고 생각합니다."

매일 점심시간마다 이지성, 위신경, 현수실이와 축구를 함께 하고 상식을 많이 갖고 있지만 약간씩 엉터리 내용을 자주 발표해서 에덴반을 웃음바다로 만들어 주는 전경솔이 무표정한 채로 말했다.

"혹시 신경이와 달리 현재까지도 정해진 꿈이 없는 사람 있어요?"

에덴반 아이들과 지유엄 선생님은 자신의 주위를 둘러보았다. 그런데 어느 누구도 상상하지 못했던 놀랄만한 사태를 확인했다. 에덴반 아이들 중에서 성적이 가장 뛰어나고 독서도 제일 많이 하였을 뿐만 아니라 글도 잘 써서 여러 분야에 걸쳐서 상도 많이 받았던 주도학이 손을 들고 있는 것이었다.

"도학이는 현재까지 정해진 꿈이 없나요?"

"저는 초등학교 시절에 갖고 있는 꿈이 정확하지 않고 꼭 그것을 이룰 수 있는지 매우 의심이 됩니다. 그래서 저는 현재까지 변하지 않을 확실하게 정해진 꿈은 없지만 어떤 꿈일 지라도 그것을 이루기위해서 필요한 실력이 풍부한 사람이 되자는 꿈같지 않은 꿈을 가지고 있습니다."

돗수가 높은 핑크빛 뿔테 안경을 쓰고 어떤 상황에서도 표정이 변할 것 같지 않은 무뚝뚝한 주도학이 매우 자신 있게 말했다.

"선생님은 도학이가 거창한 꿈을 갖고 있지 않지만 가까운 꿈들이라고 할 수 있는 것으로써 책을 일주일에 몇 권 읽겠다든지 매주 단위로 요일마다 어떤 공부를 얼마만큼 하겠다는 등의 목표를 세워서 공부하고 있는 학습계획표를 봤어요."

지유엄 선생님은 에덴반 아이들에게 꿈의 종류에도 큰 것에서부터 일상생활에서 이룰 수 있는 작은 꿈들도 있을 수 있다는 설명도 함께 해 주었다. 그리고 나서 에덴반 아이들의 생각의 폭을 넓혀주기 위해 더욱 넓은 범위로 확대하여 이야기를 이끌어 나가고 있었다.

"여러분 혹시 전 세계에서 학생들의 읽기와 수학, 과학 분야, 학습동기와 학습전략을 포함한 자기주도적 학습 분야에서 학업성취도가 가장 뛰어난 나라의 이름을 아나요?"

"이스라엘이요."

"미국이요."

"우리나라요."

"독일이요."

"일본이요."

"핀란드요."

에덴반 아이들은 여기저기서 각자 나름대로 생각한 나라의 이름들을 외쳐댔다.

"힌트를 줄까요?"

"네."

"좋아요. 이 나라는 북부유럽에 위치하고 있고 세계에서 호수가 제일 많은 나라입니다. 노키아라는 휴대폰으로 유명하고 최근에는 게임 프로그램인 '앵그리 버드'라는 소프트웨어를 개발하여 보급함으로써 수조

원의 매출을 올리고 있는 것으로 잘 알려져 있어요. 그 나라의 가정마다 사우나가 있는 것으로도 유명하지요."

 지 선생님은 아이들의 생각을 돕기 위해 정답이 되는 나라가 가지고 있는 특징들에 대해서 열거했다.

 많은 아이들은 노르웨이, 스웨덴, 덴마크, 영국 등으로 말했으나 서너 명의 아이들만 핀란드라고 답을 맞추었다.

 "바로 핀란드라는 나라이지요. 선생님이 《핀란드의 교육혁명》 이라는 책을 읽어보았는데 핀란드는 다음과 같이 세 가지 기준을 가지고 학생들이 공부하도록 도와준다고 해요."

 지유엄 선생님은 화이트보드에 핀란드의 교육 내용에 대해 세 가지 특징을 순번을 적어 가면서 설명을 시작했다.

 "첫째, 즐겁게 공부하고 유익한 결과를 얻도록 노력한다.

 둘째, 공부에 대하여 좋은 평가결과가 아니라 자신의 미래를 위한 준비과정이라고 생각한다.

 셋째, 획일적인 교육이 아니라 스스로 선택하고 참여하는 배움의 기회를 보장한다."

 "선생님, 우리나라와 핀란드 학생들의 학업성취도 수준에 대해서 말씀해주신다고 하셨습니다."

 지 선생님이 세 가지 설명을 마치자마자 다른 사람의 말을 처음부터 끝까지 흐름을 놓치지 않고 경청하는 현수실이 지적했다.

 "최근 몇 년간 국제협력개발기구(OECD) 회원국 31개국을 대상으로 실시했던 국제학업성취도 평가 결과 우리나라가 자기주도적 학습 분야에서는 최하위를 나타냈지만 과학분야와 읽기분야, 수학분야에서는 핀란드 다음으로 일본과 비슷하게 우수한 성적을 나타내었다고 해요. 그런데 우리나라와 핀란드 두 나라 사이에는 학업을 성취하는 방법이 확연히 달라요. 어떻게 다를까요?"

지 선생님은 에덴반 아이들에게 던졌던 질문이 어려워서 정확하게 대답을 해 줄 것이라고 큰 기대를 가지지 않았다.

"우리나라 학생들은 학교에서 이루어지는 공교육뿐만 아니라 과외공부나 학원 수강 같은 사교육과 같이 치열한 경쟁을 통해서 그 만큼 성적이 나왔다고 해요. 그렇지만 핀란드 학생들은 스스로 목표를 세워서 공부하고 사회체제나 주변의 어른들이 기꺼이 지원해 준 결과 그렇게 우수한 성적을 거두었다고 생각합니다."

영어 단어장도 가장 열심히 써서 단어 수준이 높다고 칭찬을 많이 받으며 앞으로의 꿈이 소아과 의사라는 최신중이 자신 있게 자기의 의견을 이야기 했다. 신중이는 4학년 때 사춘기를 끝냈고 5학년 때부터 의대에 가기위해 엄청나게 공부를 열심히 하는 아이로 알려져 있었다.

"빙고."

지유엄 선생님은 익살스러운 표정으로 신중이의 발표에 재미있는 말로 응답했다. 그리고 최신중의 발표를 실마리 삼아서 에덴반 학생들과 함께 '자기주도적 학습'에 대하여 공부해 보려는 의도를 가지고 있었다.

"여러분, '상대성 원리'를 발견하여 인류역사상 가장 위대한 천재로 존경 받는 과학자가 누구이지요?"

에덴반 아이들은 모두 '아인슈타인'이라고 대답했다.

"그래요! 앨버트 아인슈타인이에요. 그 분은 평생을 두고 뉴턴(17~18세기 영국의 물리학자·천문학자·수학자·근대이론 과학의 선구자로서 수학에서는 미적분법을 창시하고, 물리학에서는 뉴턴역학의 체계를 확립함), 패러데이(19세기 영국의 과학자로서 전기분해의 법칙과 현대 발전소의 심장이라고 할 수 있는 발전기를 발명함), 맥스웰(19세기 영국의 과학자로서 전자기파의 존재에 대한 이론적인 기초를 확립함) 이렇게 3명의 과학자를 존경했다고 해요. 그리고 3명의 초상화를 죽을 때까지 연구실에 걸어두었다고 해요. 그렇다면 왜 3명의 초상화를 그의 연구실에 걸어두었을까요?"

에덴반 28명의 아이들 모두 손을 들었다. 지유엄 선생님은 손을 든다는 것은 꼭 발표하고 싶다는 의지도 있지만 선생님이나 친구들의 질문에 대해서 자신이 알고 있거나 질문이 있을 때의 의사표시라는 것을 에덴반 아이들에게 시간이 나는 대로 끊임없이 강조하곤 했다.

"아이슈타인 자신도 3명의 초상화에 나와 있는 과학자들처럼 훌륭한 과학자가 되겠다는 다짐을 하기 위해서라고 생각합니다."

색채감각이 뛰어나 에덴반에서 그림도 가장 잘 그리며 옷과 헤어스타일도 매우 맵시 있게 가꾸는 왕세련이 발표했다.

"좋은 생각이에요. 또 다르게 생각하는 사람 있어요?"

"예, 아인슈타인이 존경했던 뉴턴, 패러데이, 맥스웰이라는 사람들의 과학적 업적을 잘 알고 그러한 지식을 바탕으로 자신의 호기심이나 연구결과를 더욱 발전시키겠다는 다짐을 하기 위해서 라고 생각합니다."

상식의 왕으로 알려져 별명이 왕상식인 진사유가 말했다.

"세련이와 사유의 발표내용이 모두 정답이에요. 우리들은 다른 사람들의 지식을 더욱 많이 이해하여 그것들을 우리 자신의 것으로 만들고 새로운 창의성을 발현시키도록 노력해야 하지요. 선생님은 그렇게 하는 것이 제일 가치 있는 공부라고 생각해요."

지유엄 선생님은 공부에 관한 이야기를 더 강하게 이해시켜주기 위해 어떤 일을 하게 되는 동기에 대하여 설명을 시작했다.

"혹시 여러분, 미국의 100달러짜리 지폐를 본 적이 있나요?"

"선생님! 지난 5학년 겨울방학 때 제가 미국 캘리포니아 주 로스앤젤레스 초등학교에서 어학연수를 했는데 그 때 미국의 화폐에 대해서 배워서 잘 압니다."

지난 겨울방학 중에 미국에서 어학연수를 다녀 온 남공생이 대답했다.

"공생아, 100달러짜리 지폐에 어떤 분이 인쇄되어 있었지?"

"피뢰침을 발명하고 미국의 독립선언서를 작성하는 데 앞장섰던 벤자민 프랭클린이라는 분입니다."

"혹시 벤자민 프랭클린이라는 분이 썼던 《성찰일지》에 대해 알고 있는 사람 있나요?"

지 선생님의 돌발 질문에 에덴반 아이들은 잠잠했다.

"선생님, 성찰일지가 뭔가요?"

잠시 후에 에덴반에 흐르는 침묵을 깨고 시원시원한 성격의 나직설이 질문을 던졌다.

"성찰일지란 자기 자신이 매일매일 자신의 생활태도를 살펴보고 반성하는 내용을 일기처럼 적어 놓은 것을 말해요."

"벤자민 프랭클린은 50년 이상 동안 자기의 수첩에 13가지 덕목을 항상 기록해왔다고 해요. 그리고는 이 항목들을 실행했는가, 하지 못했는가를 늘 체크했대요. 여기에서 특이한 점은 1주일마다 13가지 덕목 중 한 가지를 집중적으로 실천하려고 노력했다는 것이지요. 그리고 나서 프랭클린은 말년에 다음과 같이 이야기를 했다고 해요. '내가 항상 행복한 인생을 걸어올 수 있는 있었던 것은 이 수첩 덕분이었다. 후손들에게도 알려주고 싶다.'고 말이에요."

지유엄 선생님은 에덴반 아이들에게 벤자민 프랭클린이 실천했던 13가지의 덕목이 적힌 유인물을 나누어 주었다.

1. 절제(temperance) : 우둔할 정도로 먹지 말고, 취하도록 마시지 말라.

2. 정숙(silence) : 타인이나 자기에게 유익하지 않은 말은 하지 말라. 필요 없는 말은 삼가라.

3. 질서(order) : 모든 물건을 제자리에 있게 하라. 모든 일은 때를 잃지 말고 하라.

4. 결심(resolution) : 해야 할 일을 다 하도록 결심하고, 결심한 일은 반드시 실행하라.

5. 절약(frugality) : 타인이나 자신에게 착한 일이 되는 경우를 제외하고는 돈을 쓰지 말라. 즉 낭비를 말라.

6. 근면(industry) : 시간을 헛되이 쓰지 말라. 항상 유익한 일을 하고 있으라. 불필요한 일을 끊어 버리라.

7. 정직(sincerity) : 속임수로 해치지 말라. 깨끗하고 공정하게 사고하라. 말할 때도 그렇게 하라.

8. 공정(justice) : 해로운 일, 또 네가 응당 베풀어야 할 은혜를 베풀지 않음으로써 과오를 저지르지 말라.

9. 중용(moderation) : 극단을 피하라. 당연하다고 생각되는 중상을 들을 때는 참으라.

10. **청결, cleanliness** : 몸이나 의복이나 주택에 불결한 것이 있으면 그대로 두지 말라.

11. **침착(tranquility)** : 사소한 일, 일상사나 불가피한 일이 있을 때 마음이 들뜨지 말라.

12. **순결(chastity)** : 건강과 자손을 위해서 깨끗한 행실을 해라.

13. **겸손(humility)** : 예수와 소크라테스를 따르라.

"이 글을 쓰고 있는 내가 79세에 이르도록 인생의 행복을 변함없이 누리며 사는 것도 신의 은총과 함께 이런 조그만 인위적 노력의 보람이라는 사실을 말이다. 이제 남은 생애에 어떤 불운이 닥칠지는 하느님만이 아는 일이지만, 정작 불운이 닥쳐와도 이제까지 누려온 행복을 돌이켜 보며 숙명으로 알고 그것을 참아나가는 도리밖엔 없다."

지 선생님은 에덴반 아이들이 유인물에 적혀 있는 벤자민 프랭클린의 13가지 덕목을 읽은 것을 확인하고 자서전을 쓰고 난 다음 그가 마지막에 술회했다는 내용에 대해 설명했다.

지유엄 선생님은 외국의 좋은 사례들만을 제시하는 것을 매우 싫어했다. 어렸을 때부터 일본이나 미국 사람들은 선진국 시민이고 우리나라 사람은 문화후진국 시민처럼 비교하는 말들을 많이 들어 왔기 때문이었다. 일제 강점기를 거치면서 우리 조상들도 알게 모르게 우리 민족비하적인 이분법적인 편견을 가지게 된 것으로 생각했고 그런 풍토를 고치려고 무척 노력했다. 그래서 아이들에게 우리민족의 자랑스러운 문화나 인물들을 소개해 주곤 했다.

"혹시 5천원 권 지폐에 나와 있는 분이 누구인지 알아요?"

"예, 5만원 권 지폐에 나와 있는 신사임당의 아들인 율곡 이이입니다."
이름과 같이 별명도 찍신으로 알려진 오직신이 자신 있게 말했다.
"와, 역시 직신이는 찍신이야."
"대단한데."
에덴반 아이들이 웅성거렸다.
"율곡이이 선생님에 대하여 자세히 알고 있는 사람 있어요?"
역사의 천재로 알려진 진사유가 손을 번쩍 들었다.
"율곡 이이는 조선 시대 중기의 성리학자이자 임진왜란을 미리 예견하여 병사를 많이 길러야 한다고 주장했으며 특히 그 당시 동인과 서인의 당파싸움이 건전한 정당정치로 흘러가도록 노력했던 분이라고 알고 있습니다."
"우리 사유는 역사에 대한 상식이 매우 풍부한 학생이구나."
지 선생님은 진사유를 격려하고 칭찬하는 데 주저하지 않았고 워낙 박수를 잘 보내는 에덴반 아이들은 여지없이 진사유에게 큰 박수를 보내주고 있었다.
"사유가 말한 것에 조금 더 보충한다면 율곡이이 선생님은 우리나라에서 과거시험에서 무려 아홉 번이나 수석으로 합격했어요. 농담이지만 한국 기네스북에 올라와 있을 정도로 '9도 장원공'이라고 불리고 있지요. 특히 이 분은 아까 우리가 알아보았던 벤자민 프랭클린의 13가지 덕목처럼 스스로의 생각과 행동을 경계한다는 뜻의 자경문(自警文)을 정해놓고 자신을 발전시키기 위해 노력했던 분이지요."
지유엄 선생님은 미리 프레젠테이션으로 만들어 놓은 율곡이이의 자경문 12가지들에 대해 한 개씩 텔레비전 모니터를 이용하여 설명을 해주었다.

1. 뜻을 크게 갖고서 성인(聖人)의 삶을 따른다.
2. 마음이 안정된 사람은 말이 적으니, 말을 적게 한다.
3. 마음이란 살아있는 것이다.
4. 홀로 있을 때 헛된 마음을 품지 않는다.
5. 앉아서 글만 읽는 것은 쓸데없다.
6. 부귀영화를 바라지 않는다.
7. 해야 할 일은 모든 정성을 다하고, 하지 않아야 할 일은 마음속에 서부터 끊는다.
8. 불의한 일은 단 한 번, 무고한 사람을 단 한 명 죽여서 천하를 얻을 수 있다고 하더라도 결코 그렇게 하지 않는다.
9. 누가 나에게 악을 행하면 나 자신을 깊이 반성하고 돌아본 뒤 그를 감화하기위해 노력한다.
10. 가족들이 착하고 아름답게 변화하지 않는 것은 내 성의가 부족해서 그런 것이니 나 자신을 돌아본다.
11. 몸에 질병이 있거나 밤에 잠자리에 드는 경우가 아니면 눕지 않는다. 비스듬히 기대지도 않는다.
12. 공부는 죽은 뒤에야 끝나는 것이니 서두르지도 늦추지도 않는다.

"이렇게 매일 매일의 행동지침을 정해 놓고 생활하다 보면 자신의 생활이 행복을 가져다주는 것들에서 크게 어긋나지 않고 알차게 시간을 보내게 되겠지요?"

지유엄 선생님은 벤자민 플랭클린과 율곡 이이의 이야기를 꺼내서 아이들과 함께 알아본 이유가 따로 있었다. 바로 학년 초이기 때문에 아이들에게 자기스스로 공부하는 방법을 알려주기 위함이었다.

"혹시 자기주도적 학습이라는 말을 들어 본 사람 있어요?"

에덴반 아이들 거의 모두가 손을 들었다.

"도학아, 자기주도적 학습이 어떤 것이라고 생각하니?"

그 아이들 중에서 스스로 공부를 알아서 잘하는 주도학에게 발표의 기회를 주었다.

"누가 시켜서가 아니라 자기스스로 계획을 세워서 실천하고 그 결과를 반성해 보면서 보다 나아진 생활이나 실력을 만들어 가는 학습방법이라고 생각합니다."

주도학이 발표한 내용을 듣고 지 선생님이나 에덴반 아이들은 도학이가 평소에 자기 스스로 공부를 잘 관리하고 있는 것이 무턱대고 열심히 하는 것이 아니라 나름대로 신념과 실천의지가 있었기 때문이라는 것을 알 수 있었다.

"자기주도적 학습에 관한 공부를 내일 국어시간을 이용해서 알아보기로 해요."

"띵똥띵똥, 띵똥~띵똥~."

지 선생님의 말이 끝나갈 무렵 휴식시간을 알리는 음악이 울려 퍼졌다.

에덴반 아이들은 다음 사회시간에 공부할 사회교과서와 사회과 탐구 그리고 종합장을 꺼내놓고 화장실에 가기도 하고 친구들과 대화를 나누기도 했다.

사회시간에 공부할 것들은 '우리나라의 위치와 기후' 라는 소단원이었고 내용은 우리나라의 위도와 기후와의 관계, 위도와 기후가 약간 다른 대표적인 나라인 영국에 대하여 살펴보는 것들이었다. 열어 놓은 창문으로 온화한 봄바람이 살포시 불어오고 있었다. 운동장에서는 다음

체육시간을 기다리는 아이들의 재잘거리는 소리도 들려왔다.

이튿날 국어시간이 되었다. 학습주제는 '시의 특성을 생각하며 작품 읽어 보기'였다. 그 대표적인 예로써 '산수유 꽃'과 '풀잎'이라는 동시를 함께 감상하면서 시를 분석하기도 했고 감상을 발표하기도 했다.

"자기주도적 학습능력을 발전시키기 위해서는 자기 관리를 잘 해야만 한다고 해요. 어떤 것들을 관리해야 할까요?"

지유엄 선생님은 국어시간 종료를 20여 분 남겨 놓고 어제 함께 알아보기로 했던 자기주도적 학습에 대하여 이야기를 꺼냈다. 짧은 시간에 많은 이야기를 해야 했기 때문에 지유엄 선생님은 유인물을 미리 준비해서 나누어 주었다.

에덴반 20여 명의 아이들이 손을 들었다. 손을 들어서 마구 흔들어대는 장화해를 지목했다.

"자기의 꿈을 잘 관리해야 한다고 생각합니다. 정해진 꿈이 없으면 생활이 아무래도 규칙적이지 않을 것이기 때문입니다."

평소에는 말이 별로 없었지만 늘 여유로운 미소를 띠고 있어서 선생님과 친구들로부터 장 스마일이라는 별명을 가지고 있는 장화해가 매우 큰 소리로 발표를 했다.

"좋아요. 꿈을 포함하여 다른 말로 무엇이라고 하지요? 손을 들지 말고 앉은 채로 자유롭게 이야기 해 봐요."

에덴반 아이들은 각자가 생각했던 것들을 이야기 했다. 그 아이들이 발표하는 말들 중 3분단 뒤쪽에서 '비전'이라는 말이 들려왔다.

"사람들은 어떤 행동을 할 때 그 행동을 하게 하는 원인이 있겠지요? 공부 역시 해야만 하는 이유가 있을 때 확실한 동기부여가 되어 공부에 전심전력을 기울일 수 있는 것이지요."

지 선생님은 비전에 대한 이해를 돕기 위해 사람이 하게 되는 행동의 원인에 대하여 설명을 했다.

"2009년도 신문스크랩 내용 중 우리나라의 지난 5년 간 대학수학능력시험에서 수리 영역 1등급을 받은 학생들에 대한 통계를 본 적이 있어요. 그 통계에서는 수학능력시험 결과에 영향을 준 것으로 가장 큰 비중을 차지한 것이 부모의 사회경제적 지위나 사교육비 액수도 아니고 바로 '학습동기'였어요."

지유엄 선생님은 신문 스크랩 자료를 실물 화상기를 통해서 크게 확대하여 보여주었다. 많은 학생들이 믿기지 않는 다는 듯이 놀란 표정을 짓고서 통계를 바라보았다.

"선생님, 저희 아빠께서 전자 부품을 만드는 작은 회사의 사장님인데요. 어떤 연수에 가셔서 회사 내에서 사장 위에 회장이 있고 회장 위에 '비전'이 있다는 것을 알게 되었다고 말씀해 주셨어요."

표정에 전혀 변함이 없이 늘 진지한 진사유가 벌떡 일어나서 말했다.

"비전은 우리가 미래에 존재하기를 원하는 어떤 것에 대한 분명한 그림으로 비전은 꿈을 포함해서 아직 실현되지 않은 현실을 디자인하는 것이라고 할 수 있어요."

에덴반 아이들은 지유엄 선생님의 말을 듣고 많은 충격과 감동을 받은 것 같았다. 특히 학교에서 선생님이나 친구들과 함께 공부했던 이야기들을 집에 가서 엄마와 아빠를 졸졸 쫓아다니면서 이야기한다는 정토론과 구성주의 표정에서 새로운 것을 알게 된 기쁨이 넘쳐흐르고 있었다.

"비전을 성공으로 이끌기 위해서는 어떻게 해야 할까요? 우리 반은

6개의 모둠이 만들어지니까 한 모둠에 4명이나 6명씩 나누어서 '비전을 성공으로 이끄는 방법'에 대해 토의 해 보세요. 시간은 10분 정도가 좋을 것 같아요."

지유엄 선생님은 한 가지 답이 아니라 여러 가지 답을 만들어내는 확산적 발문을 하는 경우에는 꼭 모둠끼리 토의하도록 했다. 이윽고 10분이 흘렀다.

"자, 1 모둠부터 토의 결과를 한 가지씩만 발표해 보도록 할까요?"

"앞으로 실천 가능한 비전이어야지 너무 허무맹랑한 비전은 오히려 성공은커녕 좌절감을 안겨줄 수 있다고 생각합니다."

왕세련이 그들의 모둠을 대표해서 다소 수줍은 듯한 태도로 발표했다.

"언젠가 라디오에서 들었는데 자기가 하고 싶은 것들을 글로써 적어두면 실천할 확률이 높아진다고 합니다. 이러한 이야기를 참고해서 자신의 비전을 적어두면 잘 이루어질 것이라고 생각합니다."

록산초교 주변에서 살다가 아빠의 직장일로 한강건너로 이사 가서 매일 아침마다 엄마가 승용차로 태워다주는 정토론이 자기의 모둠원들을 대표해서 이야기했다. 에덴반 친구들도 정토론이 수업시간마다 풍부해진 시사상식을 자주 발표하는 이유 중의 하나가 학교로 오고가는 동안에 차내에서 라디오 뉴스나 토론 프로그램을 청취한 덕이라고 생각하고 있었다.

"그래요. 글이 곧 길이기 때문에 글로 적어두면 글을 자주 보면서 그 비전을 확인할 기회가 많아져서 비전이 성공할 확률이 늘어나게 된다는 많은 실증결과가 있어요."

지유엄 선생님이 정토론의 말을 두둔해 주었다.

"실현하기 어려운 지나치게 큰 비전이 아니라 그것을 가능한 자세하게 작은 비전으로 나누어서 열심히 노력할 때 성공할 수 있다고 생각합니다."

에덴반 아이들 중 점심시간이 끝나면 급수대에 가서 양치질을 한 후에도 교실에서 웃음 띤 표정으로 독서를 꾸준히 하고 지금까지 욕설을 한 번도 쓰지 않았다고 알려진 고지순이었다. 지순이는 얼굴을 왼쪽으로 돌리면서 높낮이가 없이 시작부터 끝까지 이어지는 높은 톤의 목소리로 말하는 특유의 화법이 친구들에게 웃음을 안겨 주곤 했다.

친구들이 발표하는 동안 아직 발표를 하지 못하고 있는 모둠 아이들의 얼굴이 일그러졌다. 그들이 발표하고 싶었던 내용들을 앞의 모둠들이 모두 발표를 해서 불안한 마음이 컸기 때문이었다.

"아직 발표하지 않은 모둠 아이들은 아마 앞에서 발표한 것과 대동소이할 것 같아요. 그렇지요?"

아이들의 마음을 어느 누구보다도 육감으로 빨리 알아차린 지유엄 선생님이 말을 이어갔다.

"예."

"그럼 약 5분 정도의 시간을 이용해서 비전을 찾아내는 방법에 대하여 의견을 나누어 봐요."

발표를 하지 못한 아이들은 자기들의 발표기회가 날아가 버릴 것 같은 불안감을 떨쳐버리고 의논하는 것에 골몰했다. 지유엄 선생님은 아직 발표를 하지 못한 모둠 주위를 뱅뱅 돌면서 유심히 그들의 토의 내용에 귀를 기울였다. 그러면서 칭찬을 해 줄만한 답이 나오기를 기대했다. 수업시간마다 선생님이 스티커가 걸려있는 문제를 가장 잘 맞추어서 찍신이라는 별명을 가진 오직신의 모둠이 활기가 가득했다.

"자, 그럼 직신이네 모둠부터 발표해 볼까요?"

"저희들이 의논한 것들은 두 가지인데 내가 꼭 하고 싶은 것이나 되고 싶은 것들을 알아보면 비전을 쉽게 찾을 수 있다고 생각합니다."

"우리 허시원네 모둠은 어떤 것들을 의논했어요?"

"저희 모둠원들끼리 의논한 내용도 직신이네와 약간 비슷한 것입니다. 즉 자기가 갖고 싶은 것이나 배우고 싶은 것 그리고 만나고 싶은 사람들을 떠 올리며 비전을 정하면 좋을 것 같다고 의견을 모았습니다."

"아주 시원하게 이야기를 잘 해 주었어요. 시간이 1분 정도 밖에 남지 않았군요. 이제까지 우리들은 자기주도적 학습에서 다루어야 할 것으로 첫 번째 것인 비전의 중요성과 비전을 실천하고 찾는 법에 대해서 함께 의견을 나누어 보았어요. 재미있었나요?"

"네~."

지유엄 선생님은 아이들에게 도움이 될 만한 것들을 이야기 한 뒤에 꼭 '재미있었느냐'고 물어서 확인을 받는 습관이 있었다.

"선생님이 마지막으로 꼭 해 주고 싶은 말이 있는데 괜찮겠어요?"

"선생님, 쉬는 시간을 넘기지 않으셨으면 감사하겠습니다."

꼭 쉬는 시간마다 화장실에 가는 버릇이 있고 오랫동안 앉아 있으면 오만가지 고통이 찾아온 것처럼 인상을 찌푸리고 있는 전경솔이 말했다.

"알았어요. 여러분이 다음 주 월요일까지 자기 자신의 비전을 찾아서 글로 써 오세요. 소위 '사명서'라고 하는 데 이러한 사명서는 세 가지 원칙을 따라서 하면 좋아요. 즉 짧고 구체적인 동시에 누가 보더라도 쉽게 이해할 수 있도록 쓰며 외우기가 쉬워야 하지요. 이상 국어과 수업을 마치겠어요."

　지유엄 선생님은 아이들에게 아무리 도움이 되는 내용일지라도 쉬는 시간을 침해해서 공부하는 것을 너무도 싫어했기 때문에 공부 시간이 쉬는 시간을 초과하지 않도록 매우 빠른 어투로 말을 맺었다.

02

자기주도 학습 ② 시간관리

◎ 인생은 시간이라는 조각도로 만들어가는 예술품이다

   3월 넷째 주 목요일 2교시 에덴반 아이들은 과학실에 가기 위해 남자와 여자아이들 각각 한 줄씩 두 줄로 교실 뒤쪽에 서 있었다.
   "오늘은 과학실에서 '빛의 성질'에 대해서 공부하기로 해요."
   "예~"
   "2층 과학실로 갈 때 지난 과학시간에 공부한 내용과 오늘 공부할 내용을 생각하면서 걸어가면 지루하지도 않고 재미있게 줄서서 질서 있게 갈 수 있을 거예요. 자, 가세요."
   지 선생님은 에덴반 아이들에게 능동적인 질서유지 방법을 제의했다.
   "열심히 하겠습니다."
   에덴반 아이들은 교실을 벗어나서 다른 특활실로 갈 때 마다 '열심히 하겠습니다.' 라고 인사를 하자고 약속했다. 집에 갈 때에도 '안녕히 계세요.' 라고 인사를 하는 대신 '열심히 하겠습니다.' 라고 인사를 하는 아이들이 있어서 그 아이들에게 '그래요. 열심히 가세요.' 라고 지 선생님이 인사를 받아 주어서 에덴반이 웃음바다가 될 때도 있었다. 2층에 있는 과학실에는 모둠별 활동을 돕기 위해서 인조 대리석으로 만들어진 오각기둥의 흰색 테이블이 여섯 개 있었다. 에덴반 아이들은 '물체를 볼 수 있는 조건들에는 어떤 것들이 있을까?' 라는 주제로 각 모둠별로 예상하고 실험을 한 후 실험결과를 적어서 실험을 마무리 했다. 지유엄 선생님은 15분 정도 남아 있는 동안에 지난 번 자기주도 학습을 효율적으로 하기 위한 한 가지 요소인 '시간관리'에 관한 이야기를 하기로 마음먹었다.

"'인생은 시간이라는 조각도로 만들어가는 하나의 예술품이다' 라는 말을 들어 본 사람 있어요?"

지 선생님은 '시간관리'에 대하여 이야기를 나누어 보기 위해 말문을 열었다.

"아니요. '시간은 금이다' 라는 말은 들어보았습니다."

다른 사람의 입장이나 마음을 잘 헤아리지 못하고 자기 세계에서만 나름대로 충실하게 생활하는 남공생이 지 선생님의 지목도 받지 않은 채로 불쑥 말했다.

"우리 공생이가 한 말과 많이 비슷한 것이에요."

"제가 어제 자기 전에 명언집을 읽었는데요. 괴테라는 분이 이런 말을 했다고 합니다."

잠이 들기 전에 늘 명언집에 있는 명언들을 읽어보는 버릇이 있고 말을 하는 중에 '으흠' 하면서 목을 다듬는 습관이 있는 진사유가 말했다.

"소중한 일이 사소한 일에 좌우되어서는 안 된다는 말입니다."

사유가 발표하는 도중에 함께 '으흠' 이라고 따라서 하는 에덴반의 친구들도 있었다.

"선생님이 말을 하려고 하는 내용을 사유가 미리 알려주었네."

지유엄 선생님은 과학실 칠판에 십자모양의 그래프를 그렸다. 가로축에는 건강관리, 책읽기, 친구와 가족과의 대화, 신앙이나 봉사활동 등의 중요한 일들을 표시했다. 세로축에는 가족행사 모임이나 시험 등의 긴급한 일을 그렸고 1,2,3,4 라고 시계바늘이 도는 반대방향으로 썼다. 1면은 긴급하고도 중요한 일들을, 2면은 중요하지는 않지만 긴급한 일들을 표시했다. 3면은 긴급하지도 중요하지도 않은 일들을, 4면에는 중요하지만 긴급하지 않은 일들을 표시했다.

"여러분들은 1면에서 4면까지 표시된 내용들 중에서 어떤 면에 충실해야 성공할 수 있다고 생각하나요?"

지 선생님이 시키지도 않았는데 에덴반 아이들은 칠판에 적혀있는 표를 보면서 같은 모둠원들끼리 의견을 열심히 주고받고 있었다.

"시간이 많이 남지 않았으니까 빨리 여러분의 생각을 알아보기로 해요. 각자 생각하기에 성공확률이 제일 높을 것이라고 생각하는 면에 손을 들어 주세요."

지유엄 선생님은 아이들의 손을 들게 했다. 에덴반 아이들은 28명 중에서 3면에는 한 명도 들지 않았고 1면에 12명, 2면에 9명, 4면에 7명의 아이들이 손을 들었다. 아이들의 반응을 살펴본 지유엄 선생님은 설명을 덧붙였다.

지 선생님의 보충설명을 듣고 난 후 2면에 손을 들었던 아이들 중 7명이 1면으로 옮겨갔다.

"여러분들의 현명한 판단력을 칭찬하고 싶어요. 선생님은 계획을 세우는 데 많은 힘을 쏟으면 긴급하게 발생하는 일이 적어지고 많은 일들이 있음에도 불구하고 바쁘지 않게 일을 처리할 수 있을 것이라고 생각해요. 일주일 단위로 학교 공부, 학원 공부, 주말 계획 등을 세우는 학생들이 많은 것 같아요. 중요한 일들에 대하여 미리미리 계획을 세워보세요. 예를 들면, 독서활동이나 자신 있는 과목은 더 깊이 있게 공부하고 부족한 과목은 복습을 철저히 하는 계획 말이에요. 이 달 말 즈음부터 매주 수요일에 여러분들이 시간 관리한 것들을 적어 놓은 학습 계획표를 점검하고 도와줄 예정이에요."

지 선생님은 학습계획표를 작성하고 점검하는 방법에 대해 설명을 했다.

"선생님, 학습계획표의 가로(행)에는 요일과 날짜 및 평가내용을 적고 세로(열)에는 시간대를 적는 표를 만들었으면 좋겠습니다. 제가 지난 겨울방학 중에 어느 중학교 캠프를 갔었는데 그 곳에서 배웠던 방법입니다."

위신경이 당당하게 말했다.

"신경이의 설명이 학습계획표를 작성하는 데 많은 도움을 주었어요. 내일 그 표를 학교로 가져와서 친구들에게 보여주면 좋겠어요."

"예, 알겠습니다."

"아참, 아까 신경이가 발표한 것 중에서 한 가지를 빠뜨린 것이 있어요. 각 시간대에 활동한 것들을 적어보고 실천한 다음 자기 나름대로 평가를 해 보면 훨씬 효과가 높아진다는 것이지요."

"아싸, 다음 시간은 체육이다."

"야, 우리 줄 잘 서자. 과학실에서 가능한 빨리 운동장에 나가자."

에덴반 아이들은 지 선생님의 끝말이 끝나자마자 의자를 테이블 속에 밀어 넣고 과학실 옆쪽에서 신속하게 줄을 섰다.

03 자기주도 학습 ③ 환경관리

◎ 공부방 분위기는 어항의 물고기가 생활하는 물과 같다.

　3월 셋째 주 토요일 2교시 6학년 1학기 도덕과 2단원 '책임을 다하는 삶' 중 책임 있는 '판단과 선택'이라는 두 번째 소단원을 공부할 시간이 되었다. 행복한 가정과 학급을 만들기 위해 내가 할 일들에 대해서 알아보는 내용이었다. 아이들은 행복한 가정을 만들기 위해서 가장 먼저 각자가 할 일들인 '스스로 공부하기'와 '내 방 정리하기'에 대하여 공부했다. 그리고 행복한 학급을 만들기 위해서 해야 할 일들은 '맡은 일 잘하기'와 '친구들과 사이좋게 지내기' 등에 대한 구체적인 실천방법을 알게 되었다.
　에덴반 아이들은 도덕과 수업 40분 중에 15분 정도는 위에서 살펴본 것처럼 교과서의 내용을 깊이 있게 공부했다. 그리고 나머지 25분 정도는 지난 시간에 이어서 자기주도 학습을 잘하기 위한 조건의 한 가지 영역으로 '환경 관리하기'에 대하여 함께 공부하기로 했다.

"여러분은 자기가 공부하는 장소가 어떤 상태일 때 공부가 잘 될 것이라고 생각하나요?"

지 선생님은 공부하는 환경에 대한 내용 중에서 먼저 공부하는 장소에 대해서 질문을 던졌다.

"아무래도 조용하고 집중하는 데 방해하는 것이 없는 장소에서 공부가 잘 될 것이라고 생각합니다."

키가 크고 목소리가 힘차나 예민한 성격의 위신경이 대답했다.

"신경이가 말한 것처럼 자기주도 학습을 잘하게 하는 한 요소가 되는 환경관리란 공부하는 사람이 학습 행동을 조절하여 자신을 둘러싼 '자신의 공부환경'을 점검하고 관리하는 것을 말해요. 즉 학습자가 공부하는 데 있어서 방해요소를 차단하고 주의집중을 할 수 있는 환경을 만드는 것을 의미하지요."

"선생님, 저는 공부를 집중해서 열심히 하려고 마음먹으면 자꾸 생각이나 마음이 분산됩니다. 왜 그런지 설명해 주세요."

수업시간에 각종 퀴즈 문제에 대하여 찍기를 잘하나 행동이 산만해서 지 선생님에게 가끔씩 꾸중을 듣는 오직신이 말했다.

"선생님이 생각하기에는 도학이가 직신이가 물어 본 것에 대하여 적절한 의견을 말할 수 있을 것 같은 데 발표해 봐요."

지 선생님이 그동안 지켜본 결과 평소에 집중력이 매우 뛰어나 학업성취도가 높은 것으로 모두에게 인정받고 있는 주도학을 지목해서 발표를 시켰다.

"공부에 집중하는 것을 방해하는 것으로는 마음속 요인과 그렇지 않은 것들로 나누어 볼 수 있다고 생각합니다."

주도학은 갑자기 지목을 당해서 순간 당황했지만 발표하기를 기다리고 있었다는 듯이 지 선생님이 예상했었던 수준을 넘어서는 대답을 했다.

"그래요. 도학이가 말한 것 중에서 공부를 방해하는 마음 속 요인들에는 어떤 것들이 있을까요?"

"여러 가지 잡다한 생각들과 내가 이러한 공부를 왜 열심히 해야 하는지에 대한 이유나 동기가 부족한 것이라고 생각합니다."

항상 진지한 태도를 가지고 있는 계푸른이 대답했다.

"두 번째로 외부적인 요인들이 공부의 집중을 방해한다고 했는데 어떤 것들이 있을까요?"

성격이 외향적이어서 꽁하지 않은 채로 생활하는 나직설이 손을 번쩍 들어서 손바닥을 흔들어대고 있었다.

"그래, 나직설이를 안 시키면 큰 일 나겠어."

"저희 집은 큰길가 옆에 있어서 차가 지나다니며 내는 소음 등과 같이 시끄러운 소리가 잘 들리고 거실에 놓여있는 텔레비전 소리가 제 방으로 잘 들려옵니다. 그리고 수시로 친구들의 문자가 오거나 제 방의 책꽂이에 있는 재미있는 만화책들이 공부에 집중을 못하게 합니다."

나직설이 꾸밈없이 이야기를 했다.

"그래요. 공부를 잘하고 못하고 문제가 아니라 여러분들이 발표한 것처럼 자신의 마음 속 요인과 외부적인 요인 때문에 공부를 제대로 못하는 것이 문제라고 생각해요. 그래서 이렇게 이야기 할 수도 있을 것 같아요. '문제아는 존재하지 않고 다만 문제 환경을 극복하지 못한 아이만 존재한다.'라고 말이에요."

"선생님 말씀처럼 집중을 잘 해보려고 해도 잘 안 되는 데 집중력을 높이기 위해서는 어떻게 해야 하는지 저희들끼리 토의해 보면 어떨까요?"

토의하는 것을 너무 좋아하는 정토론이 제안을 했다.

"좋아요. 우리 토론이가 말한 것처럼 모둠별로 집중력을 높이기 위하여 우리들이 해야 할 일들에 대하여 토의하면서 10가지 정도씩 적어보세요. 그리고 어느 정도 정해지면 한 모둠에 한 가지씩 발표하고 중복되지 않도록 해 봐요."

에덴반 아이들은 백지를 꺼내 놓고 긴밀하게 토의하면서 '집중력을 높이는 10가지 방법'에 대하여 메모하기 시작했다.

10여 분이 지나자 지 선생님은 6개의 모둠 아이들이 대체적으로 10가지 정도씩 적어 놓은 것을 확인했다. 지유엄 선생님은 각 모둠에서 발표한 것들 중에서 중복이 되지 않는 것들을 앞 보드에 다음과 같이 번호를 적어가면서 기록했다.

1. 흥미가 있어서 공부하고 싶은 과목에 알맞게 집중할 시간을 정한다.
2. 방해요인들을 찾아내서 없앤다.
3. 공부를 끝까지 열심히 하겠다는 다짐을 한다.
4. 공부할 내용에 알맞은 공부장소를 찾거나 만든다.
5. 자신의 필요나 상황에 알맞게 휴식시간을 정해서 쉰다.

6. 공부하기에 좋은 환경을 만든다.
7. 인형을 이용하거나 거울을 보면서 놀이하는 것처럼 공부한다.
8. '배운 것을 부모님이나 친구들에게 이야기 해 주겠다.'는 마음으로 공부한다.
9. 공부하기 전에 기분 좋은 마음이 들도록 노력한다.
10. 시간을 효과적으로 활용한다.

"여러분들이 토의하면서 알아낸 것들 10가지가 정말 좋은 내용들이라고 생각해요. 그러면 선생님과 함께 공부할 때 집중력과 안정감을 높이는 공부방을 꾸미는 것에 대하여 이야기 해 봐요."

"공부방 책상에 어울리는 의자는 어떻게 해야 편하게 오랫동안 앉아서 공부를 잘 할 수 있을까요?"

에덴반 아이들은 상식적인 수준에서 여러 가지 내용들에 대하여 발표했다. 그러한 발표 내용들을 경청하고 난 다음 지 선생님은 그들이 흔하게 알지 못하고 있는 것들에 대해 보충설명을 해 주었다.

"의자는 등받이가 10도 정도 뒤로 젖혀진 게 좋다고 해요. 물론 허리도 S자형으로 받쳐주는 것이 피로감을 덜어주기도 하며, 의자 밑에 작은 카펫이나 러그를 놓아두면 발이 따뜻해지고, 부드러운 감촉이 발바닥을 자극해서 두뇌활동이 촉진되는 효과를 가져다준다고 하지요."

"선생님, 제 방에 아이돌 스타와 같이 연예인 사진을 붙여놓는 것은 공부하는 데 어떤 영향을 주나요?"

지 선생님의 설명을 진지하게 듣고 있던 최신중이 물었다. 최신중은 공부도 열심히 잘 하지만 노래하는 B 걸그룹에 푹 빠져 있어서 엄마와 함께 콘서트도 자주 가는 아이로 알려져 있었다.

"우리 신중이가 질문한 것과 관계된 것인데, 공부방에는 시각적 자극을 최대한 줄여서 단순한 것이 좋다고 해요. 그런 점에서 연예인의 브로마이드와 같은 것들은 집중력을 흐리게 하겠지요. 여러분들이 자주 사용하는 것들은 책상이나 책꽂이에 놓아두면 좋지만 자주 사용하지 않는 것들은 수납공간에 넣어 두었다가 필요할 때에만 꺼내서 쓰면 공부하는 데 집중력을 높여 준다는 신문 기사를 읽었던 기억이 있어요."

에덴반 아이들은 한동안 자기들끼리 이야기를 하느라 수군거렸다.

"여러분들의 공부방에 있는 책상은 어느 방향으로 향해서 있으면 좋을까요?"

"선생님, 제 생각에는 방문에서 공부하는 아이의 뒷모습이 보이지 않도록 하는 것이 좋을 것 같습니다. 왜냐하면 방문에서 보았을 때 뒷모습이 보일 경우에 공부하는 아이에게 불안감을 줄 수 있기 때문입니다."

디자이너가 꿈인 왕세련이 예쁜 미소를 띠면서 부드러운 목소리로 자신 있게 말했다.

"그래요. 우리 세련이가 말한 것처럼 책상의 배치와 공부방 인테리어에 대해서 살펴봐요. 책상 배치는 방문에서 바라보았을 때 아이의 옆모습이 보이게 하는 것이 좋아요. 의자에 앉았을 때 창문을 바라보게 하는 것도 시선이 분산되어 집중력이 떨어질 수 있다고 해요. 그럴 경우에는 블라인드라든지 커튼 등으로 적절하게 가려주는 것이 좋다고 하지요."

"선생님, 공부방의 벽지나 가구들의 색상은 어떤 것들이 안정감을 주나요?"

남자아이지만 마음이 부드럽고 인테리어에 관심이 많으며 여자아이들과 잘 어울리는 한깔깔이 물었다.

"선생님이 우리나라에서 학생용 가구 제작의 최고 기업인 일등가구점을 30년 동안 경영해 온 사장님에게 벽지나 가구들의 색상 등에 대해서 물어 보았어요. 그 사장님은 공부방에 안정감을 주는 것은 파스텔톤이나 초록색 계열이 좋고 집중력을 높이는 색깔로는 아이보리나 베이지 톤이 어울린다고 하더라구요. 물론 벽지 색깔은 한 가지 톤으로 해야 방이 산만해 보이지 않는대요. 다시 말해서 색깔은 원색이 좋지 않다는 것이지요."

"선생님, 공부방의 책상 크기나 책상 위에는 어떤 것들을 올려놓아야 공부가 잘되는 지 말씀해 주세요."

성격이 남자같이 시원시원하고 하찮은 것일지라도 관심이 많은 조바람이 물었다.

"요즈음 학생들이 안경을 많이 착용하게 되는 이유가 바로 가까운 것들을 많이 보게 되고 컴퓨터나 휴대폰 등의 전자 화면과 빛의 반사라고 해요. 그래서 유리판을 놓으면 빛의 반사가 심해지기 때문에 유리판을 놓으면 좋지 않아요. 책상 위에는 스탠드와 지금 공부하는 것들만 올려놓아야 해요. 책상의 세로는 60~75cm가 적당하고 너비는 초등학교 고학년이 150cm 정도가 적당하다고 해요. 왜냐하면 책상의 너비가 짧으면 책상 위의 물건 정리가 어렵기 때문이지요."

"책상 옆에 침대를 놓는 것은 어떤가요?"

마음은 착하지만 게을러서 숙제를 제 때에 하지 못하고 올 때가 잦은 천재미가 물었다.

"재미는 왜 그런 질문을 했지요?

"제 방에는 책상에서 공부할 때 침대가 눈에 띄어서 침대에 눕고 싶은 마음이 자꾸 생겨서요."

"아마 우리나라 학생의 대부분이 공부방과 침실이 한 공간에 있을 거예요. 공부하는 곳과 휴식하는 공간이 가능한 분리되어 있어야 공부할 때 집중이 잘 되고 쉴 때 확실하게 쉴 수 있게 되지요. 그래서 침대뿐만 아니라 PC도 주된 학습 공간에서 보이지 않는 곳에 두는 것이 좋다고 해요. 여유가 있다면 공부하는 곳과 휴식을 취하는 곳이 따로 있으면 더욱 좋겠지요?"

에덴반 아이들은 지 선생님으로부터 들었던 환경관리에 대한 기본적인 정보가 매우 유용하다는 듯이 만족한 얼굴을 하고 있었다.

"오늘 자기주도 학습을 잘하게 해주는 한 요소로서 '환경 관리'에 관한 공부가 어땠어요?"

"평소에는 별로 중요하게 생각하지 않았던 것들을 다시 생각하게 되었습니다. 그리고 제 방도 부모님과 함께 상의해서 바꿀 것은 바꾸어서 공부할 때 더욱 집중이 잘되게 해야겠다는 생각을 하게 되었어요. 제 방을 효율적으로 공부하는 공간으로 만들어야겠다는 다짐을 하게 되었습니다."

새롭게 아는 것에 대해 호기심이 남다른 주도학이 대답했다.

"그러면, 오늘 집에 가서 자기가 사용하고 있는 방을 다시 한 번 살펴보고 공부할 때 집중을 방해하는 것들을 이리저리 바꾸어 보세요. 그런 다음 앞으로의 공부 방향에 대해서 에세이를 써 봅시다."

지유엄 선생님은 숙제로 일주일에 세 편 정도씩 에세이를 쓰기로 한 학급 규칙을 확인시켰다. 에세이의 내용에는 자신을 변화시켰던 이야기나 시사적인 문제 등을 포함해서 형식은 자유로웠다. 그리고 그 다음날 에세이를 본 다음 친구들에게 귀감이 될 만한 내용의 에세이를 직접 읽어 주면서 격려를 해 주기도 하고 에세이 쓰는 법에 대해 지도해 주곤 했다.

자기주도 학습   ④ 컴퓨터, 휴대폰 사용관리

◎ 컴퓨터와 휴대폰은 좋은 친구이자 강력한 적이 될 수 있다.

　록산초교의 1층에는 6개의 방으로 이루어진 진실도서관이 있었다. 매주 화요일 2교시마다 에덴반 아이들 모두가 컴퓨터를 활용하여 수업을 할 수 있는 방에서 국어과나 사회과 수업을 하곤 했다. 도서관에 갈 때 공부할 교재들과 함께 도서 대출카드도 가지고 갔다. 수업이 끝나면 일주일 동안 보고 싶은 책 3권씩을 빌려서 가정에서 읽은 다음 반납하는 것으로 습관이 되어있었다. 에덴반 아이들은 일주일에 한 번씩 진실도서관에 가는 것이 운동장 체육과 과학실 실험 수업 다음으로 커다란 기쁨을 주는 시간으로 좋아했다.

　"오늘은 국어 듣·말·쓰 2단원 '정보와 이해'를 함께 공부해 보겠어요. 먼저 우리들이 정보를 찾는데 사용되는 매체에는 어떤 것들이 있을까요?"

무엇보다도 시간을 짜임새 있게 보내는 것을 늘 강조하고 아이들에게 모범을 보이기 위해 노력하는 지유엄 선생님은 오늘도 여지없이 도서관에서도 일단 국어과 수업을 진행했다.

"텔레비전이나 라디오, 컴퓨터, 휴대폰, 신문, 백과사전 등이 있습니다."

록산초교 정보 영재부 학생으로 활동하고 있으나 수업태도가 산만하여 선생님으로부터 지적을 많이 받는 오광활이 평소와는 다르게 반짝반짝한 눈빛으로 대답했다.

"정보 영재인 광활이는 혹시 '게임뇌'라는 말을 들어 보았어요?"

"어 어 아니, 들어보지 못했습니다."

오광활은 지 선생님의 갑작스러운 질문에 당황하면서 말을 더듬거리다가 기어들어가는 소리로 대답했다.

"혹시 '게임뇌'라는 말을 들어 보았거나 게임하는 사람의 뇌파와 치매환자의 뇌파가 같은 상태에 있다는 것을 들어본 사람 있어요?"

"예, 청소년 과학잡지에서 읽었는데요. 일본의 신경과학자가 연세가 많이 드신 분들의 치매를 연구하다가 게임을 자주하는 아이들의 뇌파와 비교한 결과 같은 상태라는 것을 발견했다는 것을 알았습니다. 하지만 정확하지는 않습니다."

상식이 풍부하고 마음이 매우 순수한 고지순이 역시 높은 톤의 목소리로 대답했다.

"지순이가 평소에 그렇게 독서를 많이 하더니 역시 여러 분야에 걸쳐서 아는 것이 무척 많구나. 놀랍다."

"선생님도 지순이가 이야기한 내용과 비슷한 것을 발견해낸 일본의 신경과학자 모리 아키오 교수의 글을 읽어 보았는데, 매우 놀라운 결과를 알게 되었어요. 우리 인간의 뇌파는 크게 네 가지로 나누어진다고 해요. 마음이 편안하고 명상할 때 알파파가 나오고 깨어서 활동할 때에는 베타파, 졸리면서 생각할 때 세타파, 잘 때에는 델타파가 나온다고 해요. 게임화면을 볼 때에는 정보가 우리 뇌의 앞부분인 전두엽에 전달되지 않고 직접 근육으로 전달된다고 해요. 즉 게임화면을 보았을 때 아무 생각할 틈도 없이 손가락만 반응하는 상태라는 것이지요. 생각 기능이 작동이 되지 않는 상태로 되어 깨어서 활동할 때 나오는 베타파가 나오지 않게 되는 것이지요. 더 두렵고 놀라운 것이 게임뿐만 아니라 휴대폰의 문자 메시지를 빈번히 사용하는 학생들을 대상으로 한 실험에서도 게임뇌 현상이 발견되었다는 것이에요."

지유엄 선생님의 진지하다 못해 심각한 목소리로 설명해 주는 것을 듣고 있는 에덴반 몇몇 아이들의 얼굴에는 걱정과 불안이 가득했다.

"그러면 모둠끼리 게임 중독을 예방하거나 없애는 방법을 토의해서 적어보고 발표하기로 해요."

에덴반 아이들은 자신과 주변 사람들이 게임에 중독되었던 이야기와 부모님께 혼난 이야기, 중독에서 벗어난 이야기, 앞으로 중독되지 않을 이야기들에 대해서 친구들과 함께 열심히 논의했다.

지유엄 선생님은 그들이 적어 놓은 것들을 유심히 살펴보았다. 진지하게 논의해서 적절하게 해법을 찾아낸 모둠학생들에게 엄지손가락을 뻗어 보이면서 격려를 아끼지 않았다.

에덴반 학생들이 찾아낸 결론들에는 주로 다음과 같은 내용들이 있었다.

- 컴퓨터를 거실과 같이 모든 사람이 볼 수 있는 곳에 둔다.
- 혼자서 컴퓨터를 사용하는 것을 피하거나 줄인다.
- 축구나 농구, 피구, 배드민턴, 줄넘기 등과 같이 신체적 활동을 하는 시간을 늘린다.
- 독서 활동이나 사이버 공간에서의 활동을 지나치게 많이 하지 않는다.
- 하루 중에서 컴퓨터를 켜고 끄는 시간을 일정하게 정하고 꼭 지키도록 노력한다.

05

자기주도 학습 ⑤ 건강관리

◎ 건강한 몸과 마음은 평생 동안 자신을 도와줄 가장 큰 자산이다.

 에덴반 아이들은 지유엄 선생님과 함께 도덕과나 국어과 학습 시간에 진도도 열심히 나가면서 자투리 시간을 만들어서 자기주도 학습을 가능하게 하는 것들을 하나하나 살펴보고 있었다. 이제까지 비전관리, 시간관리, 환경관리, 컴퓨터나 휴대폰 사용관리에 대하여 알아보았고 그것들을 차분하게 실천하려고 노력하고 있었으며 자신들이 생각할 때도 정말 많이 발전하고 있다는 확신이 들었다.

 4월 둘째 주부터 6학년 국어 3단원 '다양한 주장'에 대하여 공부했다. 특히 주장에 대한 근거를 어떻게 할 것인지에 대한 의견을 나누었다. 그 중의 한 가지 학습 요소로써 건강관리에 대하여 이야기 해 보고 자신의 의견을 정리하는 기회로 삼기로 했다.

"자, 3월 2일 선생님과 만난 뒤로 선생님이 여러분들에게 가장 중요하게 여기고 때마다 강조한 것 들 중 1순위는 무엇이지요? 모두 같이 대답해 보세요."

"예, 건강한 사람이 되는 것입니다."

"건강, 생명, 안전 제일주의입니다."

에덴반 아이들은 각자가 건강에 대한 중요성을 철저하게 깨닫고 있다는 듯이 힘차게 말했다.

"제 생각에 건강은 반드시 신체적 건강만을 의미하는 것이 아니라 신체를 움직이는 정신적 건강도 포함된다고 생각합니다."

건강 제일주의를 가장 앞서서 실천하고 있는 문바른이 발표했다.

"어려운 질문이 되겠지만 그 이외에도 건강과 관련지어서 우리들이 관리해야 할 것들에는 어떤 것들이 있을까요?"

에덴반 아이들은 지 선생님의 난해한 질문에 곤란하다는 듯이 얼굴을 찡그렸다.

"종교를 가지고 있는 사람들은 알겠지만 명상이나 기도를 통해 자연이나 절대자나 우주의 질서와 교감함으로써 영적인 능력을 향상시키면 건강해진다고 해요."

"선생님, 질문 있습니다."

"김차분 이야기 해 보렴."

"혹시 주변의 사람들과 잘 지내는 것도 건강관리의 하나가 아닐까요?"

항상 조용히 독서를 꾸준히 하고 과학과 연구위원장으로서 실험 준비를 철저히 해서 칭찬을 많이 받고 있는 김차분이 물었다.

"장수하는 사람들의 공통점이 주변의 사람들과 잘 사귀면서 생활 한다고 하지요. 날마다 꾸준히 서로에게 관심을 갖고 친절을 베풀면 스트레스가 덜 쌓이고 마음의 평화가 생겨서 건강해 진다고 해요. 이러한 것들을 황금알을 낳은 거위에 비유해서 누가 말해 볼 수 있어요?"

"황금알을 낳는 거위에게 더 많은 황금알을 낳게 하려면 일단 거위가 건강해야 하므로 건강한 거위가 되게 해야 한다고 생각합니다. 그래서 저와 친구들이 가지고 있는 자신의 목표를 성취하는 데 있어서 건강이 가장 중요하다고 생각합니다."

기발한 생각을 잘하는 한깔깔이 조리 있게 논리적으로 발표했다.

"선생님, 지금까지 이야기한 것들뿐만 아니라 건강을 관리하기 위해서 앞으로 구체적으로 어떻게 해야 하면 좋을 지 친구들과 함께 이야기하고 싶어요."

5학년 때보다 생활이 훨씬 나아졌다는 평을 듣고 있었던 천재미가 말했다.

"그래, 재미의 건의 내용을 받아들이겠어요. 우리가 건강관리에 대하여 이야기 해 보았는데 친구들과 함께 더욱 자세히 대화를 해 보고 발표해 볼까요?"

"제 생각에는 매일 맨손체조나 빠르게 걷기 등의 운동을 하거나 태권도와 같은 운동을 꾸준히 했으면 좋겠습니다."

"정신 긴장을 위해서는 독서계획서를 작성해가면서 자기가 읽고 싶은 책들과 함께 다양한 분야의 책을 읽는 것이 중요하다고 생각합니다."

"동시나 성경과 같은 정신적적인 건강관리를 해 주는 종류의 책을 읽었으면 합니다."

"한 달에 한 번이라도 봉사활동을 찾아서 해야 된다고 생각합니다. 지역주민센터라든지 기초자치단체 안에 설치되어 있는 주민복지센터에 연락을 해서 봉사 활동할 내용들을 알아보고 활동하면 좋겠습니다."

에덴반 아이들은 너도 나도 건강한 생활을 실천하는 구체적인 예들을 발표했다.

"모두 모두 좋은 발표였어요. 우리 몸을 조상들은 정신이 살고 있는 집이라고 해서 '몸집'이라고 했고 기독교에서는 신성한 영혼이 살고 있는 집이라는 뜻의 '성전'이라고 했어요. 그리고 불교에서는 도를 담는 그릇이라는 뜻의 '도기(道器)'라고 했을 정도로 매우 귀중하게 여겼지요. 우리 모두 건강해서 이 세상에서 의미 있는 삶을 살아가는 데 어려움이 없었으면 좋겠다고 생각해요."

지유엄 선생님은 아이들과 모든 인간들은 우주에 있는 별들만큼 소중한 작은 우주라는 말과 함께 다시 한 번 사람들의 건강과 생명, 그리고 안전의 중요성을 강조했다.

이것을 아는 자는 이것을 좋아하는 자에게 미치지 못하고

이것을 좋아하는 자는 이것을 즐기는 자에게 미치지 못하느니라. | 논어

제3부

멋진 **성공**으로 안내할 6학년 **학습** 비법

어떤 과목을 어떻게 공부하느냐에 따라 삶의 모든 것이 달라진다.

수학과 STAD 협동 학습 01
과학과 구성주의 학습 02
사회과 프로젝트 학습 03
수학과 현실적용 학습(RME) 04
전 과목에 사용되는 토의학습 05
도덕·국어·사회과 디베이트 학습 06
정보재택 학습 07
확실한 동기를 가진 영어 학습 08
변화를 만들어내는 독서 09

01 수학과 STAD 협동 학습

● 어렵고 공부하기 싫은 수학도 쉽고 즐거운 공부로 변하게 해주는 방법이 있다.

"각기둥의 전개도를 그릴 때에 접는 부분의 선은 꼭 점선으로 하는 것을 잊지 말자."

"각뿔의 특징 중에서 위에 있는 것은 '각뿔의 꼭짓점'이지? 꼭 각뿔이라는 말을 넣어야 한다."

"각 기둥에서 두 밑면 사이의 거리를 무엇이라고 하지?"

"내가 말할 게, 높이라고 해."

"야 참, 각기둥에서 밑면에 수직인 면이 모두 몇 개이지?"

"모두 네 개이지. 선생님께서 강조하셨잖아."

에덴반 아이들이 모둠별로 모여서 협동학습을 하고 있었다. 어느 한 아이도 공부를 열심히 하지 않는 아이가 없었다. 잠시 후에 6학년 수학과 3단원 '각기둥과 각뿔' 단원평가를 대비해서 친구들끼리 공부하고 있는 중이었다.

　지난 번 단원 평가 성적을 기준으로 해서 향상된 점수와 동점, 퇴보한 점수의 평균을 내서 모둠별로 슈퍼팀, 엑설런트팀, 베리굿팀, 굿팀으로 나누어서 평가를 받게 된다. 어느 한 아이만 성적이 좋아져서는 팀 점수가 좋지 않을 수도 있기 때문에 팀원 모두가 철저히 공부하게 하는 소위 STAD 협동학습방법을 실천하고 있는 것이었다.

"왜, 그렇게 공부를 열심히 하고 있니?"

"예, '혹시 저 때문에 저희 모둠의 등급이 낮게 나오면 어떻게 하지?'라는 걱정 때문이에요."

　국어와 사회 과목은 학력이 우수한데 수학공부에 별다른 흥미가 없고 성적도 제대로 나오지 않아서 악순환이 되고 있는 오광활이 대답했다.

"광활이는 아까 아침 자율학습 시간에 수학 학습지를 열심히 풀고 있던데 그 학습지는 광활이가 준비한 거니?"

　지유엄 선생님은 자신의 바로 앞좌석에 앉아서 수학문제를 골몰히 풀고 있는 오광활을 목격했던 것이다.

"광활이 정말 열심히 풀고 있더라."

"감사합니다. 그런데 선생님. 사실은 그 수학문제가 들어있는 학습지는 저희 모둠의 주도학이 저에게 풀어 보라고 준 것이에요. 8시 40분까지 모두 풀어서 함께 답을 맞추어 보자고 해서 시간을 체크하면서 열심히 풀고 있었어요."

"도학이랑 광활이랑 매우 친한 친구지? 평소에 화장실도 같이 가기도 하고 휴식시간에도 같이 어울리는 것도 많이 보았지."

휴식시간에 도학이가 광활이 자리로 와서 무엇인가를 열심히 설명해 주었고 광활이는 고개를 끄덕이면서 함께 공부하고 있었던 모습이 지유엄 선생님의 뇌리를 스치고 지나갔다.

지유엄 선생님은 3월 첫째 주 수학시간에 학생들이 팀을 이루어서 공부하고 그 성취결과는 각자와 팀 모두가 유리하게 나누어 갖는다는 STAD(Student Teams Achievement Division) 협동학습에 대하여 에덴반 아이들과 의견을 나누었다. 그리고 한 해 동안 수학과목에 한해서 실행하겠다는 의지를 분명히 밝혔고 그 이후 수업시간마다 그것을 실시해 오고 있었다.

STAD 협동학습의 수업단계는 먼저 지난 수학시간에 공부했던 내용들을 확인한 다음 이 번 시간에 학습할 주요 학습 내용 및 기능을 소개하였다. 물론 이 때에는 수학적인 문제해결 방법에 대해 지유엄 선생님과 아이들의 긴밀한 상호작용을 통해서 확실하게 공부했다. 아이들이 지 선생님과 새로운 학습요소를 익히는 시간은 수업시간 40분 중에서 20분 정도를 차지했다. 그런 다음에 수학실력이 매우 우수한 아이들부터 다소 실력이 부족한 아이들끼리 모둠을 정해서 모둠의 이름을 창의적으로 만들었다. 같은 모둠학생들끼리 수학 익힘책에 있는 문제들을 서로 가르쳐주고 배우면서 학습 내용을 익혔다. 이 때 각 모둠에서 사회를 보는 아이를 중심으로 모둠 구성원들에게 방해가 되지 않도록 목소리의 크기를 조절하는 예절을 지키는 것은 에덴반 아이들 간의 굳은 약속이었다. 약 15분 정도 수학 익힘책에 있는 문제들을 모든 모둠원들이 풀어냈다. 수업의 마지막 단계로 지 선생님과 함께 답을 맞추어 보는 것이다.

STAD 협동학습의 독특한 특징은 점수계산에 있었다. 바로 단원이 끝나거나 단원의 학습 내용이 많을 때에는 지 선생님이 출제한 문제를 각자 풀고 나서 채점을 한 다음 개별 향상 점수를 측정하고 그 개인별 향상 점수의 산술평균을 내는 것이다. 각 개인별 평가 점수에서 개별 향상 점수를 나타내는 기준은 다음 표와 같았다.

개인별 향상점수 평가 기준	향상 점수
지난 번 점수에서 10점 이상 하락	0점
지난 번 점수에서 1점~10점 미만 하락	10점
지난 번 점수에서 동점 혹은 10점 미만 상승	20점
지난 번 점수에서 10점 이상 상승	30점
100점 만점	30점

　　"선생님, 평가를 하고 나서 향상점수의 평균이 가장 우수한 팀에게는 우리 학급에서 운영하고 있는 그린스티커를 주시거나 점심시간에도 급식을 가장 먼저 먹고 운동장에 나가서 많이 놀 수 있도록 규칙을 정하는 것이 좋겠다고 생각합니다."

　　수학학력이 뛰어나고 질문을 예리하게 잘하는 현수실이 역시 새로운 제안을 했다.

　　"저도 수실이의 의견에 찬성하고요. 거기에다가 모둠원 친구들끼리 서로 협조해서 열심히 한 결과에 대해서 크게 칭찬해 주고 다른 모둠원들도 자극을 받아서 공부를 더욱 잘하도록 하기 위해서 우리 학급의 뒤 보드에 '수학과 STAD 협동학습 최우수팀명과 그 모둠 친구들의 이름도 함께 게시했으면 좋겠습니다."

현수실과 점심시간마다 체스를 두고 수학영재반에서도 같이 공부하고 있는 정토론이 말을 거들었다.

학급의 규칙을 정할 때마다 에덴반 아이들의 의견을 적극적으로 경청하는 지유엄 선생님이 나머지 다른 아이들에게도 질문을 던졌다.

"수실이하고 토론이가 제기한 의견에 혹시 반대하거나 다른 의견이 있는 친구 있어요?"

장래에 박지성 선수와 같이 국제무대에 나가서 활약하는 축구선수가 되려는 꿈을 품고 있는 이지성이 손을 멋지게 들고서 미소를 짓고 있었다.

"꼭 반대하는 것은 아니지만 선생님께서 저희들에게 공부를 보다 재미있고 효율적으로 하도록 하기 위한 제도를 만들어서 실행하려는 것에 대하여 먼저 감사드립니다."

"와우, 야, 지성이, 이지성! 이지성!"

얼굴도 잘생기고 키도 훤칠할 뿐만 아니라 성격도 원만해서인지 여자아이나 남자아이들 모두에게 인기가 좋은 지성이에게 박수와 함께 함성이 터져 나왔다.

"지성이 계속 이야기해 봐요."

"먼저 모둠 구성원들끼리 서로 마음이 잘 맞고 각 모둠별로 실력 수준이 비슷해야 한다고 생각합니다. 이런 의견을 내놓은 이유는 제가 축구경기를 하다보면 각 팀별 실력수준이 비슷할 때 공정하게 경기가 되고 또 어떤 팀이 승리하더라도 불만 없이 축하해 줄 수 있기 때문입니다."

"맞습니다. 옳소! 이지성 최고!"

에덴반 아이들이 지성이의 의견에 동의하는 말들이 여기저기서 터져 나왔다.

"그럼 지성이의 의견대로 선생님이 여러분들의 수학 실력과 친구 관계를 고려해서 모둠을 편성해 주기 전에 먼저 여러분들이 4명에서 5명씩 모둠을 만들어 보기로 하겠어요. 우리 교실의 곳곳에 모둠원들끼리 모이고 혹시 서로 문제가 있다고 생각하면 지혜롭게 모둠원을 바꾸어 보도록 해요. 잘 할 수 있어요?"

지유엄 선생님은 아이들이 스스로 공부하도록 도와주려는 의도를 가지고 협동학습을 진행하려는 의지를 관철시키기 위해서 최대한 에덴반 아이들의 의견을 반영하기로 했다. 참으로 재미있는 결과가 눈앞에 펼쳐지고 있었다. 이제까지 잘 어울리지 못해서 항상 배려를 많이 받아온 아이들 두 명을 포함해서 친구관계와 실력 정도를 고려한 6개의 모둠이 만들어져서 자기들끼리 잘 해보자고 의기를 투합하고 있었다.

"에덴반 아이들 정말 멋져요. 최고예요. 자랑스러워요. 자, 그러면 여러분들이 알고 있는 수학자나 과학자의 이름을 가지고 모둠명을 지어보도록 해요."

5분 정도가 지나자 지 선생님은 어느 정도 각 모둠별 이름이 정해진 것을 확인한 후 모둠명을 발표시켰다.

"피타고라스 모둠, 가우스 모둠, 뫼비우스 모둠, 뉴우튼 모둠, 아인슈타인 모둠, 갈릴레이 모둠의 이름을 가진 모둠 여섯 개가 만들어졌다."

에덴반 아이들의 모둠이 편성된 다음 지유엄 선생님은 STAD 협동학습의 네 가지 특징들에 대해 프레젠테이션으로 한 가지씩 제시하면서 설명해 주었다.

"첫째, 모둠 구성원 각자의 목표뿐만 아니라 모둠의 목표가 있어서 서로 돕고 도움을 받으려고 합니다.

둘째, 모둠에 대한 나름대로의 책임감과 과제에 대한 분업이 이루어져 개별적 책임감이 강조됨으로써 개인의 능력을 최대한으로 발휘할 수 있습니다.

셋째, 개인의 능력에 관계없이 집단에 기여할 수 있는 성공의 기회가 균등하게 주어져 스스로 노력하게 됩니다.

넷째, 작은 집단 간에 경쟁이 유발되어 각 모둠 구성원들의 단합이 잘 다져지고 각 모둠 구성원들의 학습 동기가 촉진됩니다."

지유엄 선생님은 '아이들에게 개인이나 모둠 점수가 낮게 나오더라도 꾸중을 하지 않을 것이며 항상 격려를 해 줌으로써 수학공부에 흥미와 자신감을 갖게 하는 데 최선을 다해보겠다.'는 다짐을 했다.

STAD 협동학습 덕분에 에덴반 아이들은 수학 공부도 재미있게 하였고 수학 실력도 나날이 향상되었다.

02 과학과 구성주의 학습

◉ 이제까지 내가 알고 있었던 것을 스스로 공부하면서
   점검하고 깨달음의 희열을 만끽하자.

　6학년 과학과 3단원 '계절의 변화' 단원 중에서 마지막 차시였다. '계절의 변화가 일어나는 원인에 대하여 알아보는 것'이 학습주제였다. 에덴반 아이들은 과학시간만 되면 교실에서 공부하는 것 보다 과학실에서 공부하기를 좋아했다. 아마 모든 초등학생들의 공통된 마음일 것이다. 왜냐하면 모둠별로 앉아서 재미있는 실험을 하고 토의도 하면서 즐겁게 공부할 수 있기 때문이다.
　지유엄 선생님은 과학시간마다 어렵게 느껴지는 학습방법 중의 하나인 '구성주의 학습'에 대하여 시간이 날 때마다 강조하였다. 에덴반은 도덕과, 국어과, 수학과, 사회과, 과학과 연구위원장이 있었다. 28명 아이들 모두가 자신이 좋아하는 과목의 연구위원장이 되어서 그 과목의 자료들은 준비하고 진도도 함께 체크하며 지 선생님을 그들이 공부하는 그룹의 초청선생님으로 생각하도록 했다.

"선생님께서 그렇게 강조하시는 구성주의 학습에 대하여 설명해 주세요."

6명의 과학과 연구위원장들 중에서 늘 미소를 띠고 있으면서도 과학수업에 필요한 자료들을 꼼꼼하게 준비하고 있는 장화해가 질문을 했다.

"구성주의 학습이란 여러분 각자가 세상이 어떻게 작용하는가에 대해 스스로 자신이 주체적으로 의미를 구성하거나 그것이 틀렸다고 생각하였을 때 다시 구성하는 것이지요.

지 선생님은 화해가 물어 본 구성주의 학습에 대해 아이들이 잘 알아듣지 못하는 어려운 용어들을 사용해서 이야기를 하고 나서 후회했다. 그래서 다시 한 번 아이들의 수준에 알맞게 설명을 해 주어야겠다고 생각하고 있었다.

"선생님, 구성주의 학습에 대해 정의해 주신 내용이 정확하게 이해가 안 가는데요. 좀 더 자세히 말씀해 주시면 감사하겠습니다."

과학과 연구위원장으로서 장화해와 함께 열심히 활동하고 있는 김차분이 질문했다. 선생님이나 친구들과 대화할 때면 눈을 크게 뜨고 듣고 말하며 열심히 실천하고 있는 김차분이었다. 지 선생님은 자신이 설명한 것이 아이들에게 어려웠을 것이라고 생각했기 때문에 더욱 자세하게 이야기 해 주려는 차에 차분이가 질문을 해주어서 매우 고맙게 생각했다.

"구성주의에서 가장 중요한 것은 '개념변화' 라는 것인데 여러분들 중에서 혹시 개념이라는 것에 대하여 알고 있는 사람 있어요?"

어려운 말이 나오면 가장 많이 손을 들고 시원하게 대답을 잘하는 진사유에게 에덴반 아이들의 눈길이 쏠렸다. 아니나 다를까 사유가 얼굴에 미소를 가득 머금은 얼굴로 손을 들고 있었다.

"제가 생각하기에는 개념이라는 것은 어떤 사물이나 상황에 대하여 일반적으로 알고 있는 정보나 지식이라고 생각합니다."

책을 1학년 때부터 매 년 150권씩을 독파하여 올해로 6년째 독서황제를 바라보고 있는 진사유가 말했다.

"사유가 정확하게 발표했어요. 사유가 말한 대로 구성주의적 학습 방법은 여러분들이 가지고 있는 개념을 과학적 개념으로 변화시키는 과정을 말해요. 이렇게 개념을 변화시키기 위해서는 여러분들이 이미 가지고 있는 개념에 대한 불만족이나 갈등을 느껴야 하지요. 즉, 학생들이 가지고 있었던 이제까지의 생각이나 개념이 새로운 관찰 결과를 설명할 수 없다는 것을 보여 주는 것이지요."

"구성주의적 과학학습을 하기 위해서 과학적인 개념의 변화를 위하여 생각갈등을 기본으로 하는 학습 전략을 사용해요. 즉 생각을 구성하는 단계가 제일 중요하지요. 자신이 가지고 있는 관점과 다른 친구들이나 선생님의 관점이 다른 경우 갈등이 일어날 수 있지요. 이럴 때 즉시 어떤 사실을 알려주는 것이 아니라 이제까지의 생각으로 설명되지 않는 생각의 갈등 상황을 겪도록 해야 하지요. 그리고 현재 자신이 가진 생각의 타당성을 검토하여 새로운 생각이 필요함을 인식하도록 해주는 것이지요. 이러한 단계에서 학생들은 자신의 현재 개념에 불만족을 느끼게 되고 이러한 과정을 통해서 새로운 생각을 구성하는 것이지요. 그런 다음 새로운 생각을 평가하고 적용하며 마지막으로 자신의 생각이 수업을 처음으로 시작할 때와 수업이 끝날 즈음에 어떻게 변해 왔는가를 비교하여 살펴보게 되는 것이지요."

지유엄 선생님은 사유의 대답을 듣고 난 후 일사천리로 구성주의 학습 방법에 대하여 이야기를 정리해 주었다.

에덴반 아이들이 이 번 과학시간에 학습할 주제는 '계절의 변화가 일어나는 원인'에 대한 것이었다.

"선생님, 계절의 변화가 일어나는 원인에 대해 알아보기 위해서 먼저 지구본이 필요한데요. 과학실 선반 위에 있는 지구본을 가지고와도 되나요?"

과학과 연구위원장인 장화해와 김차분이 물었다.

"그럼, 가지고 오렴. 지금 장화해가 물어 본 것처럼 구성주의 학습은 실험이나 탐구과정을 스스로 계획하고 모둠별로 토론하여 원리를 스스로 알아내는 것을 말하지요."

"선생님, 수업시간에 꼭 그렇게 해야 하는 것은 아니지요?"

지식이 많고 정직한 고지순이 물어보았다.

"구성주의 학습법은 수업 전과 수업 시간 후에도 지속적으로 학습 활동을 전개하는 것이고, 잘못된 생각들을 바꾸고, 이제까지 알고 있었던 지식들을 확인하는 과정에서 공부하는 기쁨을 맛보게 하는 거예요."

구성주의 학습법에 대해 더 많은 설명이 필요하다고 생각하고 있었던지 선생님은 고지순이 물어본 것을 재빨리 받아서 설명을 이어갔다.

"선생님, 그러면 이번 과학수업시간에도 저희들이 구성주의적인 학습방법으로 공부를 해 보려면 구체적으로 어떻게 해야 하나요?"

늘 집중되고 긴장된 얼굴을 하고 있으며 탐구적인 최신중이 질문을 던졌다.

지유엄 선생님은 순간 움찔했다. 그렇지만 특히 과학과 수업시간에는 구성주의 학습법을 꼭 적용시켜보겠다는 일념으로 사전에 연구를 많이 해 온 터라 당황하지 않고 이야기를 이어갔다.

"우리들이 과학적인 원리를 알아내기 위해 가장 먼저 해야 할 것이 무엇이지요?"

여섯 개의 모둠으로 나누어 수업을 하고 있던 에덴반 아이들 중 10여 명 정도의 아이들이 손을 들었다.

"남공생, 이야기 해 봐요."

지 선생님은 독특한 성격이지만 어느 누구보다도 발표를 즐기는 아이인 남공생에게 발표의 기회를 주었다.

"이번 과학시간에 우리들이 공부할 주제인 '계절 변화의 원인은 무엇인가?'에 대한 실험을 설계하기 전에 먼저 가설을 세워보아야 한다고 생각합니다."

남공생은 갑자기 긴장이 되었던지 처음 몇 초 동안에는 말을 하고 있지 않았다가 더듬거리면서 발표했다.

"맞았어요. 자, 공생이가 말한 것처럼 각 모둠별로 이번 주제에 알맞은 가설을 세워볼까요?"

"예"

에덴반 아이들은 각 모둠에서 오늘의 사회자를 중심으로 가설을 세우기 시작했다. 3분 정도가 지나자 지 선생님은 각 모둠별로 세운 가설들을 발표시켰다. 가설들은 크게 두 가지로 나누어져 있었다. 그 첫 번째는 '계절의 변화는 지구가 기울어진 채로 공전하기 때문에 일어날 것이다.'라는 가설과 두 번째 가설은 '계절 변화는 태양의 고도가 다르기 때문에 일어날 것이다.'라는 가설이었다.

"자, 여러분들이 세운 가설들이 매우 흥미롭네요. 구성주의 학습법에서는 탐구 방법도 자기 스스로 만들어서 실험을 진행하는 것이지요. 그러면 여러분들이 세운 가설이 올바른 것인지 여러분들이 가져다 놓은 지구본을 가지고 실험을 해 보세요."

각 모둠별로 학생들마다 가설을 입증하기 위해서 교과서나 실험관찰책 등을 참고해 가면서 실험을 시작했다. 1분 정도가 지나자 6개의 모둠 중 4개의 모둠의 아이들 대표가 나와서 지유엄 선생님께 물어보았다.

"선생님, 저희들이 실험을 할 때에 재료가 더 필요합니다."

"지구본 이외에 무엇이 더 필요하지요?"

"예, 지구본은 우리가 살고 있는 지구의 모델인 것처럼 태양의 모델이 되기 때문에 필요합니다."

"다른 모둠들도 전등과 전깃줄이 필요하나요?"

"예, 그렇습니다."

"그러면 어떻게 해야 하지요?"

"옆방인 과학 실험자료 준비실에 가서 저희들이 준비 해 오겠습니다."

"왜 선생님이 준비를 해 놓지 않았는지 잘 알지요?"

"구성주의 학습법은 누가 준비해 주는 것이 아니라 자기 스스로 준비해야 하는 공부방법이기 때문입니다."

에덴반 아이들은 과학실험 기자재 준비실로 가서 전기코드선과 전등을 가지고 나와 실험을 하면서 자신들이 세웠던 가설을 검증하고 있었다. 지유엄 선생님은 아이들이 실험하고 있는 내용들을 자세히 살펴보고 있었다.

"성숙아, 실험을 할 때 똑같게 해야 하는 조건들에는 어떤 것들이 있지?"

"태양과의 거리이기 때문에 지구본과 전등과의 거리가 같아야 하지 않을까?"

"또 무엇이 있을까?"

"우리나라가 기준이니까 측정지점도 미국이나 유럽 각국도 아니고 우리나라가 기준이 되어야지."

매 수업시간마다 선생님이나 친구들의 물음에 가장 먼저 대답하는 이성숙에게 가장 친한 친구인 노지혜가 연이어서 물었고 성숙이는 자신 있게 대답했다. 지혜네 모둠의 다른 친구들도 맞장구를 쳐 주었다. 세 명의 친구들끼리 호호 깔깔하며 잘 지내는 채선율이 물어보았다.

"얘들아, 그럼 다르게 해야 하는 조건은 어떤 것이지?"

"물론 지구본 자전축의 기울기를 다르게 해 보는 것 아닐까?"

"그럼 우리나라가 위치하고 있는 곳에 수수깡 같은 것을 세워 놓고 위치에 따른 태양의 고도를 측정해 보아야겠지?"

지난 과학시간에 공부한 내용들을 응용해서 모둠별로 긴밀하게 의견을 나누면서 실험을 하고 있었다. 각 모둠의 실험 테이블 정중앙에 전등불을 켜 놓고 운동장 쪽 커튼을 닫아 놓은 채 가능한 어둡게 만들어 놓은 다음 우리나라 위치에 놓여있는 수수깡의 그림자의 길이를 비교했다. 15분 정도가 지나갔다. 갈릴레이와 같은 과학자들처럼 자못 진지하게 실험을 하고 서로 협의가 끝난 모둠은 실험관찰책에 기록했다. 에덴반 아이들이 공부하고 있는 실험관찰책에는 지구본의 위치가 태양을 중심으로 십자형으로 보았을 때 시계바늘이 도는 반대방향으로 가, 나, 다, 라에 따라서 그림자의 길이를 각각 다르게 기록했다.

잔잔한 미소를 띠고 있었던 지유엄 선생님은 아이들에게 질문을 던졌다.

"여러분들이 세운 가설과 실험결과가 서로 일치했나요?"

6개의 모둠 중에서 4개의 모둠은 '지구의 자전축이 기울어져서 공전했기 때문이다.' 라고 가설을 세웠었고, 2개의 모둠은 '지구가 태양의 주위를 공전하고 있기 때문이다.' 이라는 가설을 세웠었다. 그렇지만 '지구가 태양의 주위를 공전하고 있기 때문이다.'라는 가설을 세웠었던 2개의 모둠은 따로 지유엄 선생님과 협의를 통해서 앞의 4개 모둠처럼 자전축이 기울어진 상태로 공전을 했기 때문이라고 가설을 변경했었던 상태였다.

"자, 그러면 각 모둠별로 한 명씩 실험결과를 발표해 봅시다."

직설이네 모둠부터 발표해 볼까요?

"저희 모둠에서는 실험한 결과 지구의 자전축이 수직일 때는 태양의 남중 고도와 그림자의 길이가 변화가 없었습니다. 자전축이 기울어져 있을 때는 지구의 각 위치에 따라 태양의 남중 고도와 그림자의 길이가 변화가 있었습니다. 이러한 결과를 통해 지구의 자전축이 기울어져 공전하면 태양의 남중고도가 달라져서 계절의 변화가 생기는 것이라는 가설이 맞다고 생각합니다."

직설이네 모둠뿐만 아니라 나머지 5개 모둠 대표 아이가 실험결과와 가설이 일치된다고 발표했다.

"혹시 이번 실험을 통해서 알게 된 것 이외에 더 탐구해 본 모둠 있나요?"

"예, 저희 모둠입니다."

항상 과학과 실험 때 모둠 활동에서 앞서가는 주도학이 말했다.

"혹시 어떤 내용인지 자세히 말을 하지 말고 간략히 이야기 해 주세요."

"예, 우리나라와 정반대에 위치하고 있는 뉴질랜드에 수수깡을 붙여서 그림자의 길이를 재어 보았습니다. 그 결과는……"

"잠깐만 도학아, 나머지 친구들도 한 번 실험을 해 보고 이야기 할까?"

"예, 알겠습니다."

주도학네 모둠을 제외한 나머지 모둠의 아이들은 재빠르게 실험에 돌입했다. 3분 정도가 지나자 나머지 5개의 모둠 모두가 실험을 마쳤다.

"자, 그러면 광활이네 모둠부터 그 결과를 발표해 볼까요?"

수줍음을 많이 타기도 하고 5학년 때까지 기본 생활습관이 잘 형성이 되어있지 않았으나 6학년이 되어 나날이 좋아지고 있어서 선생님께 칭찬을 많이 받고 있는 오광활이가 모둠의 친구들을 대표해서 발표했다.

"우리나라는 북반구에 위치하고 있으나 남반구에 위치하고 있는 뉴질랜드는 우리나라의 경우와 정반대의 결과가 나왔습니다. 따라서 남반구와 북반구의 계절은 서로 반대라고 생각합니다."

"좋아요. 결론까지 너무 정확하게 발표해 주었어요. 다른 모둠도 광활이네 모둠과 실험결과가 비슷하나요?"

"예, 그렇습니다."

에덴반 아이들은 우렁차게 일제히 대답했다.

"선생님, 질문 있습니다."

진실로라는 아이가 고개를 갸우뚱하면서 손을 들었다.

"선생님, 그러면 12월 25일 크리스마스 때 뉴질랜드는 겨울이 아니라 여름이겠네요?"

 지유엄 선생님이 설명을 시작하려는 순간 여행을 많이 다녀온 경험이 있는 구성주가 대답했다.

 "제가 4학년 때 크리스마스를 뉴질랜드 옆에 있는 오스트레일리아에서 보내본 경험이 있습니다. 참으로 놀라운 것이 그 곳은 한 여름이었습니다. 그래서인지 눈이 내리는 화이트 크리스마스나 루돌프 사슴 코 같은 낭만은 없었습니다. 뉴질랜드도 우리나라에서 맞이한 크리스마스 시즌이 겨울일 때 그 곳은 여름이라는 것이 확실합니다."

 "그래요. 성주 말을 들으니 선생님도 2007년 1월 10일 전후에 제8회 국제로봇올림피아드 대회 본선에 진출했던 우리학교 대표 학생 7명을 이끌고 오스트레일리아에 갔었을 때 그 곳은 한 여름이었어요."

 "선생님이 물어 볼 말이 있는데 5학년 때와 6학년에서 하고 있는 과학수업이 어떻게 달라졌는지 비교해 볼 수 있어요?"

 "예."

 지유엄 선생님은 기대를 하지 않아서였던지 에덴반 아이들 전체가 일제히 크게 대답을 하자 매우 놀랐다.

 "어떤 점들이 다르던 가요?"

 "6학년 때 구성주의 학습법을 이용해서 과학공부를 하다 보니 저도 모르게 이 전과는 달리 실험 도구를 저희 스스로 찾아서 공부하고 선생님께 직접 배우는 것 보다는 저희가 틀렸던 것일지라도 스스로 올바르게 실험결과를 찾아내는 것이 달라진 점입니다."

 친구들에게 재미있는 표정을 잘 짓고 성격이 시원시원한 오직신이 발표했다.

"이상하게도 과학시간이 너무 재미있고 제가 꼭 과학자가 된 기분입니다."

낙천적인 성격을 지닌 천재미가 직신이에 이어서 말했다.

"바로 그것이에요. 구성주의 학습법은 자기 스스로 공부하고 이제까지 알고 있었던 것들을 점검하여 그것들과 맞으면 맞는 대로, 틀리게 알고 있었던 것들에 대해 새롭게 알게 되었으면 그것들을 고쳐서 새로운 깨달음을 얻게 되어서 기쁨을 갖게 하는 것이지요. 앞으로도 선생님은 여러분들이 구성주의적인 공부 방법을 실천하도록 최선을 다해서 도와줄게요."

지 선생님은 에덴반 아이들이 구성주의 학습법을 어렵게 생각하지 않고 즐기면서 공부하고 있는 태도에 대해 대견스럽게 생각했다.

03 사회과 프로젝트 학습

◎ 공부주제 선정부터 조사내용, 발표까지 친구들과 함께 창의적인 주체가 되어 보자.

　에덴반 아이들은 여름방학이 끝나고 2학기 개학을 맞이했다. 에덴반 아이들 대부분은 가장 즐거운 공부시간 중의 하나가 사회 시간이라고 응답했다. 9월 한 달 동안에 있었던 사회시간에는 우리나라의 민주 정치에 대하여 공부했다. 민주정치에 관한 내용들에는 민주주의의 뜻, 민주주의를 실현하는 기관, 생활 속의 법, 인권과 인권보호에 관한 것 등이었다. 그런데 그것들은 초등학교 6학년 아이들의 수준에서 각자 조사하면서 공부하는 방법만으로는 어려운 개념들이 많았다. 이러한 상황을 파악하고 있었던 지유엄 선생님은 민주정치의 기본이 되는 개념들과 역사에 대하여 설명을 해 주면서 모둠별로 여러 차례 토의를 시켰다.

특히 인상적이었던 것은 법원이 하는 일에 대하여 공부를 마치고 6명의 아이들이 한 모둠이 되어서 모의형사재판을 실시한 것이었다. 모둠별로 여러 차례 모여서 의논한 결과 나름대로 사건을 만들고 역할을 분담하기로 했다.

어떤 모둠은 문구점에서 공책을 훔친 사건을 다루었다. 등장인물은 판사, 검사, 물건을 훔치다 걸린 피고인, 변호인, 증인, 법정 경위 총 6명으로 구성되어 있었다. 모의 형사재판의 순서는 판사 입장 → 진술 거부권 고지(알려 주는 것)와 인정신문(이름을 물어 보고 확인하는 것) → 검사의 모두(처음) 진술 → 변호인의 모두 진술 → 증거 조사 → 피고인 신문(검사와 변호인의 순서로 의심이 될 만한 것들을 물어가면서 자신이 주장하는 것을 설득하는 것) → 최종 의견 진술 → 판결 선고로 이어졌다. 모의 형사 재판의 각 과정도 모두 흥미진진했지만 판사의 역할을 맡았던 계푸른의 판결과 판결이유가 너무도 멋있어서 친구들은 오랫동안 박수를 보내주었다. 푸른이가 만들었던 판결 선고문과 이유는 다음과 같았다.

> 피고인이 비록 6년 동안 단골로 이용해 오던 문구점일지라도 주인의 허락이 없이 공책을 가져온 것은 큰 잘못이다. 담임선생님이 종합장을 꼭 가지고 오라고 했고 학교로부터 집이 멀어서 다시 갈 수도 없었으며 성격이 내성적이라서 친구들로부터 돈을 빌리는 입장도 안 된다는 것을 잘 안다. 스스로 정직한 사람이기 때문에 일단 훔쳐갔다가 내일 그 대금을 꼭 갚겠다는 다짐이 있었다고 하지만 그것은 증명할 수 없는 일이다. 그러므로 '형법 제329조(절도) 타인의 재물을 절취한 자는 6년 이하의 징역 또는 1천 만 원 이하의 벌금에 처한다.'라는 조문에 의거하여 피고인에게 무거운 벌을 주어

야 하지만, 피고인 스스로 잘못을 깊이 인정하고 반성하고 있으며 그동안 생활태도가 다른 사람들에게 모범됨을 참고하여 문구점에 공책 값과 함께 반성문을 제출하고 하루에 10분씩 일주일 동안 그 문구점에서 봉사활동을 하도록 선고한다.

"선생님, 사회과 2단원은 '세계 여러 지역의 자연과 문화' 단원인데요. 저희들이 모둠을 만들어서 그 지역에 여행을 다녀온 경험이 있거나 흥미와 관심이 많은 지역을 연구해서 발표해 오는 방법으로 공부하면 안 되나요?"

사회 1단원을 마칠 무렵 가을의 문턱에 들어서는 10월이 다가오고 있었다. 사회과 연구위원장 7명 중의 한 명인 한깔깔이 중요한 제안을 했다.

"우리반 사회과 연구위원장인 채선율, 계푸른, 최신중, 허시원, 오광활, 오직신은 어떻게 생각해요?"

"예, 찬성합니다. 사실 저희 사회과 연구위원장들끼리 미리 의논을 했고 한깔깔이 대표해서 의견을 내놓은 것입니다."

에덴반의 위키리크스로 별명이 허키리크스인 허시원이가 비밀을 폭로했다.

"선생님이 원하는 것이 바로 사회과 연구위원장들처럼 사회공부가 재미있고 모두에게 유익하도록 서로 의견을 나누고 연구하는 것이에요. 사회과 연구위원장들 모두 훌륭해요."

지유엄 선생님이 가장 많이 사용하는 용어 중의 하나인 '훌륭해요'와 '박수 한 번 보내줘요.' 라는 말은 에덴반이나 다른 반 아이들 뿐만 아니라 에덴반 아이들의 학부모님들도 자주 흉내 내면서 즐거워하고 있었다.

"앞으로 공부하게 될 방법이 우리들이 가끔씩 해 보았던 프로젝트 학습이라는 것이지요. 프로젝트 학습에 대하여 어떻게 생각하는지 또는 프로젝트 학습이 무엇인지 누가 발표해 볼까요?"

"제 생각에는 어떤 주제에 대하여 스스로 연구를 한 결과를 발표하는 것 같습니다."

생각이 차분하고 친구들과 깊은 우정을 나누고 있는 오광활이가 대답했다.

"광활이가 발표한 것과 크게 다르지 않아요. 프로젝트 학습이란 하나의 토픽이나 테마에 대하여 깊게 연구하는 것이고 학습의 과정이 누구의 지도에 의해서 이루어지지 않는다는 특징이 있어요. 즉, 학습자들이 스스로 탐구활동, 토의활동, 발표회 등의 활동을 협동적으로 수행하는 것이지요. 이러한 프로젝트 학습을 하다보면 여러분들이 지식이 늘어날 뿐만 아니라 친구들의 의견을 경청하고 공감하며 서로 배려하는 태도도 자연스럽게 생기게 된다고 많은 학자들이 이야기하고 있어요."

지유엄 선생님은 틈만 나면 학력뿐만 아니라 경청, 공감, 배려의 위대함에 대하여 이야기하곤 했다. 그래서 에덴반 아이들은 자기 자신도 모르게 그러한 단어들에 대하여 익숙해져 있었다.

"선생님, 사실 저는 4학년 때부터 프로젝트 학습이라는 말을 들어왔지만 그 정확한 의미는 잘 모르고 있었어요. 저희들이 이번 사회과 프로젝트 학습을 하게 되었는데 본격적인 학습을 하기에 앞서서 좀 더 자세하게 설명해 주시겠어요?"

호기심이 많은 채선율이가 물었다.

모둠 학습을 매우 좋아했지만 그 공부 방법을 정확히 모르고 가끔씩 서로 삐치고 다툰 경험이 있었던 에덴반 아이들은 채선율의 질문에 모두가 공감하고 있는 눈치였다.

"그래요. 선생님이 먼저 프로젝트 학습의 특징에 대하여 설명을 하고, 그 다음 프로젝트 학습을 하는 과정에 대해서 설명을 해 줄게요. 먼저 프로젝트 학습의 특징으로는 첫째, 프로젝트 학습은 학습 내용을 정하는 방법과 가르치고 배우는 방법을 함께 이야기 하고 있는 방법론적인 이론이에요. 둘째, 프로젝트 학습은 다른 공부방법도 그렇겠지만 모든 개개의 학생들에게 보람이 있어야 한다는 점을 강조하고 있어요. 셋째, 프로젝트 학습은 공부의 전 영역이라고 할 수 있는 지식, 기능, 성향, 느낌의 상호 보완적이고 유기적인 관계를 통한 인격적 통합을 강조하지요. 넷째, 프로젝트 학습은 바람직한 교육을 위해 선생님뿐만 아니라 부모님이나 주변 사람들, 더 나아가 지역 사회 구성원들과의 협력 관계를 중요시해요. 다섯째, 프로젝트 학습은 공부하는 전 과정을 통하여 선생님과 학생, 학생과 학생 간의 적극적인 생각의 교류와 상호작용 및 협동적 학습이 될 것을 추구한다는 특징 있지요."

지유엄 선생님의 설명이 끝나자마자 수업을 마치는 종이 울려 퍼졌다.

"선생님, 아까 선생님께서 프로젝트 학습의 특징을 설명해 주신 다음에 프로젝트 학습하는 과정에 대하여도 설명해 주신다고 하셨습니다. 프로젝트 학습에 대한 설명이 끊기게 되면 이해하기가 어려울 것 같은데 다음 시간인 국어 읽기 시간을 사회로 하고 내일 사회시간에 국어 읽기 수업을 하면 안 되나요?"

상황 판단력이 빠른 주도학이 재빨리 말을 했다. 주도학은 사회 시간에 세계의 여러 나라에 대하여 조사 학습한 분야를 나누고 각자가 하고 싶은 지역대로 친구들끼리 모둠을 나누어서 프로젝트 학습을 하길 강렬하게 바라고 있었다.

"여러분들의 생각은 어떤가요?"

"예, 도학이의 의견에 찬성합니다."

사회과 1단원이었던 우리나라의 민주정치에 대해서 공부할 때 다소 지루했었던 아이들은 자신들이 학습의 주체가 되고 친구들과 함께 나누어서 발표하는 공부방법에 대하여 긍정적인 반응을 보였다.

"좋아요. 휴식시간을 갖고 이어서 프로젝트 학습 방법과 앞으로 우리들이 공부하게 될 주제들과 모둠들을 나누기로 해요."

에덴반 아이들은 다음 시간에 있게 될 사회과 프로젝트 학습의 모둠 편성에 관심이 많았다. 교실의 여기저기서 삼삼오오 앞으로 나누게 될 나라들과 친구들끼리 모둠을 함께 하기로 도원의 맹약-유비와 관우와 장비가 복숭아 과수원에서 피를 술잔에 섞어 마시면서 영원한 의형제를 맺은 것-을 재연하고 있었다. 수업시작 종이 울리자 아이들은 얼른 자신의 자리에 돌아와서 앉았다.

"프로젝트 학습을 하는 방법과 과정을 함께 알아볼까요?"

"예"

아이들의 목소리에는 그 어느 때 보다도 모둠별로 사회과 공부를 하게 된다는 들뜬 마음이 담겨있었다.

"프로젝트 학습을 할 때 가장 먼저 해야 할 일이 무엇일까요?"

"예, 먼저 연구할 주제를 임시로 정해야 한다고 생각합니다."

사회과 연구위원장으로서 활약이 많고 조사학습을 잘 하는 계푸른이 말했다.

"그래요. 푸른이가 말한 것처럼 프로젝트 학습을 시작하기 전에 임시로 여러 가지 주제를 함께 정해 보는 것이 중요하지요. 그런 다음 어떻게 해야 할까요? 이전에는 임시로 주제를 정하는 것이었는데……"

지 선생님은 아이들의 생각을 돕기 위해 약간의 힌트를 주었다.

"진짜 주제를 결정하는 것입니다."

순발력이 뛰어난 현수실이 대답했다.

"역시 수실이구만. 수실이가 말한 대로 여러 가지 임시 주제들 중에서 앞으로 하게 될 프로젝트 학습에 대한 진짜 주제를 정하는 것이지요. 이 때 선생님이 혼자서 임의로 정해줄까요? 아니면 실제로 프로젝트 학습을 할 여러분들과 함께 의논하면서 정할까요?"

"저희들과 함께 의논해야 합니다."

에덴반 아이들은 일제히 대답했다. 대답 속에는 '자신의 경험이나 관심이 많은 것들'이라는 소리가 선생님의 귀에 들려오기도 했다.

"주제가 정해진 다음에 할 일은 어떤 것들이 있을까요?"

"큰 주제를 가지고 나누어서 작은 주제를 결정한 다음 프로젝트 학습을 함께 할 팀을 구성합니다. 이어서 팀 구성원들끼리 활동 계획을 세운 후 필요한 자료들을 검색하거나 모아야 할 계획을 세워야 한다고 생각합니다."

<u>스스로 계획하고 실천을 잘하는 주도학</u>이 어떤 자료를 읽고 있는 것처럼 유창하게 대답했다.

"도학이가 발표한 것에 더 이상 보탤 말이 없네요. 그러면 소주제를 가지고 팀별로 계획을 세우고 할 일은?"

"계획을 실천하는 것입니다."

지 선생님이 질문의 끝말을 하기도 전에 에덴반의 거의 모든 아이들이 대답했다.

"여러분들의 의욕에 넘친 대답이 좋아요. 선생님도 힘이 생겨나는 것 같아요. 계획을 실천하는 것을 좀 더 구체적으로 설명해 줄게요.

계획을 세운 것들을 탐구하고 표현하는 활동을 하는 것이지요. 먼저 탐구하는 단계에서는 문헌 자료를 활용하거나 현상을 실험하기도 하고 전문가들에게 인터뷰를 하는 활동을 하게 되지요. 또한 표현하기 단계에서는 탐구한 내용들을 언어적, 수학적, 소리, 그림, 입체, 신체 등을 이용하여 표현하는 것이지요. 그러면 계획하고 조사한 것들을 어떻게 마무리해야 할까요?"

"저희들이 자주 해 본 것으로는 멀티미디어 자료들을 만들어 프레젠테이션을 하거나 신문이나 스크랩 같은 포트폴리오 등으로 발표합니다."

꼼꼼하게 계획을 세워서 힘 있게 실천을 잘하는 최신중이 대답했다.

"끝으로 우리들이 잘 하지 못하는 활동이 있는데 어떤 것인지 알고 있나요?"

에덴반 아이들 대부분은 '계획한 것을 조사하여 발표하면 끝이지 또 무엇이 필요한가?'하는 표정으로 고개를 갸우뚱했다. 이 때 지 선생님이 수업시간마다 아이들을 집중시키고 자극을 주는 제스처를 했다. 그것은 원하는 답의 초성을 보드에 적어주는 것이었다.

"답을 어렵게 생각하고 있는 것 같은 데 자, 여기 초성만 적어 줄 테니까 알아 맞춰 봐요."

지 선생님은 보드에 'ㅂ ㅅ ㅎ ㄱ'라고 적었다. 에덴반 아이들은 보드에 적혀진 초성에 알맞은 말을 맞추느라고 온 정신을 집중했다. 여러 명의 아이들이 손을 들어서 자신의 생각을 말했다.
"예, 반성하기입니다."
　오직신이 정답을 맞추었다. 아이들은 역시 찍신이 강림하셨다고 입을 모아 오직신을 부러워했다.
　"직신이가 '반성하기'라고 했는데 그 과정에서는 작품을 분석한다든지 체크리스트 등을 이용하여 평가도 함께 하게 되지요. 이런 말이 있어요. '반성하는 것이 계획하는 것 보다 어렵다.' 우리들도 의욕적으로 시작을 잘 하지만 끝에 반성하는 것은 게을리 하는 경우가 많은 것이 사실이에요. 냉철한 반성은 또 다른 멋진 시작을 품고 있기 때문에 반성과 시작은 한 몸이라고 할 수 있어요."
　에덴반 아이들 중 많은 아이들은 종합장에 지 선생님이 설명하는 내용들의 요지를 정확하게 필기했다. 그리고 그들이 앞으로 하게 될 세계의 여러 나라들에 대한 조사학습이 곧 프로젝트 학습 방법이라는 생각을 해 가면서 깊이 있게 이해하려고 노력했다.
　"그럼. 세계 여러 지역의 자연과 문화에 대해 공부할 때, 우리 교과서에 나와 있는 내용들을 참고로 하여 프로젝트 학습을 해 보도록 해요."
　"선생님, 우리 사회 교과서에는 북반구의 자연과 문화 그리고 남반구의 자연과 문화로 나뉘어져 있는데요. 우리 반은 나라들을 포함한 지역별로 나누어서 친구들과 프로젝트 학습을 하면 좋겠다고 생각합니다."
　역시 사회과 연구위원장으로서 가장 활약이 많은 계푸른이 의견을 제기했다.
　"제 생각에는 먼저 프로젝트 연구 주제를 정한 다음 그 주제에 대하여 관심이 많은 아이들끼리 모둠을 만들어서 다음 사회시간부터 발표를 했으면 좋겠습니다."

이제까지 모둠학습에서 많은 어려움을 겪었던 최신중이 말했다.

"여러분들 중에서 신중이의 의견과 다른 사람 있나요?"

에덴반 아이들은 아무도 응답이 없었다.

"그러면 사회과 교과서와 사회과 부도, 사회과 탐구를 참고로 해서 연구주제를 정하기로 해요."

무작정 세계의 여러 나라들을 정하게 되면 혼란스러워질 것을 염려한지 선생님은 사회과 교과서와 사회과 부도, 사회과 탐구에 제시된 내용들을 참고하도록 안내했다.

"선생님, 먼저 우리나라의 이웃 국가들인 일본과 중국의 자연환경과 인문환경 그리고 우리나라와의 관계에 대해 알아보았으면 좋겠습니다."

계푸른이 제안을 하자 다른 아이들도 모두 동의하는 박수를 보내주었다.

"좋아요. 여러분들의 의견대로 나라나 지역의 이름을 적고 인문환경과 자연환경, 우리나라와의 관계에 대하여 알아봅시다. 주제들을 종합장에 적으면서 각자 어떤 주제를 연구할지 생각해 봐요."

이렇게 해서 에덴반 아이들은 지 선생님과 함께 일주일에 3시간 들어 있는 사회시간을 이용해서 14가지 주제를 학습하기로 정했다. 10월 11일부터 시작해서 11월 10일에 끝나고 각 주제별 발표할 아이들은 한 가지 각 연구주제 당 4명이나 5명으로 모둠을 구성했다. 28명이 14가지 연구 주제를 발표해야 했기 때문에 한 모둠에서 14가지 주제 중에서 2가지 정도씩 연구하기로 정했다. 그리고 가능한 각 모둠에서 발표하는 나라나 지역의 음식체험을 꼭 해 보기 위해서 해당하는 나라들의 음식을 조금씩 가져오기로 했다. 발표를 하지 않는 아이들은 공부할 주제들에 대해 미리 조사해 보고 참고가 될 만한 책자나 특징적인 물품들을 가지고 와서 친구들에게 보여주기로 약속했다.

"선생님, 질문 있습니다."

"현수실, 무슨 질문이지요?"

"그러면 사회수업 시간 40분을 어떻게 활용하나요?"

"수실이의 의도를 지 선생님은 어느 정도 짐작이 가지만 구체적으로 어떤 이야기인지 이야기 해 줄 수 있어요?"

지유엄 선생님은 마음속으로 '현수실이 역시 똑똑한데' 라는 생각을 가지고 되물어 보았다.

"수업시간 40분 중에서 저희들은 몇 분정도 나와서 발표해야 하는지 등을 포함하여 어떤 과정으로 사회수업이 진행되는지 궁금합니다."

"선생님은 이러한 차례로 사회시간을 운영하려고 해요. 먼저 5분 정도는 지난 시간에 여러분들이 발표한 내용들을 함께 회상해 보면서 복습을 하는 시간을 갖겠어요. 그리고 20분 정도는 여러분들이 프로젝트 학습을 통해서 만들어온 유인물을 중심으로 프레젠테이션을 합니다. 물론 이 때 해당하는 나라들의 의상이나 음식, 중요한 건축물들이 축소된 모형 등을 이용해서 입체적으로 공부하는 것이지요. 그리고 5분 동안 그 날 발표한 내용들을 중심으로 질문할 것이나 보충할 내용들을 친구들끼리 의견을 나누기로 해요. 그리고 우리들이 염두에 두어야 하는 것으로는 연구주제를 발표하는 모둠들이 발표하는 도중에 4인 1조의 모둠별이나 우리 반 친구들을 절반씩 나누어서 토의나 토론학습을 진행해도 좋아요. 아니 꼭 했으면 좋겠어요. 예를 들면, 앞으로 공부하게 될 서남아시아 국가들의 이슬람교 신봉 문화와 기독교를 믿는 문화가 있는

데 '이슬람권 국가에 파견된 선교사가 그 지역 사람들에게 기독교를 종교로 가지도록 선교하는 것은 옳다.' 라는 토론 주제를 가지고 토론을 해 보는 것도 그 한 가지 예가 되겠지요. 그리고 나서 마지막 10분 정도는 선생님이 중요한 내용들을 정리하는 시간을 갖겠어요."

프로젝트 학습을 하는 방법에 대해서 알게 된 에덴반 아이들은 연구주제와 모둠편성이 매우 궁금하고 기대가 되는 모습이었다. 친구들과 함께 사회 시간의 선생님이 되어서 20분 정도를 발표한다는 것이 얼마나 설레는 일인지 알고 있는 눈치였다.

"자, 사회 교과서와 사회과 부도, 그리고 종합장 준비되었어요? 무엇보다도 여러분들이 생각하고 있는 연구주제와 모둠편성도 잘 되어 모두가 알차고 유쾌한 사회시간이 되었으면 좋겠어요. 아까 이야기 한 것과 같이 주제를 크게 나누어서 정하기로 해요."

"선생님, 연구주제를 앞 보드에 써 가면서 정했으면 좋겠습니다."

모둠 편성에 많은 관심을 가지고 있는 고지순이가 제안했다.

에덴반 아이들과 지 선생님은 함께 세계 일주를 하듯이 조사해야 할 지역과 나라를 정해나갔다.

'일본의 자연 환경과 인문환경, 우리나라와의 관계를 알아보자.'로부터 시작해서 중국, 동남아시아, 서남아시아, 북부유럽, 서부유럽, 남부유럽, 동부유럽, 러시아, 아프리카주, 오세아니아주, 북아메리카주, 남아메리카주, 북극과 남극의 총 14개의 주제로 나누었다. 이어서 각 연구주제에 따라서 한 개의 모둠별 구성인원이 어떤 주제에는 4명, 또 다른 주제에는 5명씩 선택했다. 에덴반 28명의 아이들이 총 14개의 주제 중에서 2개씩 조사해서 발표하기로 했다.

"앞으로 사회과 프로젝트 학습을 시작할 텐데 여러분들이 적극적이고 창의적으로 활동해 주길 바래요. 모둠원들끼리 서로 협조해서 수준 높은 공부가 되리라 믿어요."

"선생님, 프로젝트 학습을 하다보면 선생님께서 지난번에 말씀해 주신 것과 같이 각자의 재능을 발휘해서 조사하고 발표할 것 같아요. 선생님께서 다중지능이론을 말씀해 주셨는데 공부하는 가운데 친구들의 재능이 발전할 수 있는 계기가 될 것으로 생각합니다."

마음이 몹시도 흥겨운 주도학이 온 얼굴에 웃음을 띠면서 발표했다. 그리고 이어서 질문도 했다.

"선생님, 프로젝트 학습을 한 결과를 어떤 기준으로 평가를 하시나요?"

"아주 좋은 질문이에요. 아까 프로젝트 학습의 방법에 대해 설명할 때 평가에 대하여 간단하게 설명을 했는데 좀 더 보충하면 다음과 같아요."

지 선생님은 프로젝트 학습의 평가항목을 다음과 같이 앞 보드에 기록해 가면서 설명해 주었다.

1. 주제가 잘 드러나게 세웠는가?
2. 활동 계획은 체계적으로 세웠는가?
3. 계획에 따라 필요한 자료를 수집하였는가?
4. 계획에 따라 성실하게 실천하였는가?
5. 주제를 추구해 가는 태도가 적극적인가?
6. 학습한 자료들을 잘 정리하였는가?

04 수학과 현실적용 학습(RME)

◎ 수학공부를 일상생활에 적용하면 많은 것들로부터 수학적 요소를 찾게 되어 기쁘다.

일 년 중에서 가장 아름답다는 5월, 어린이날과 어버이날이 지나고 5월 15일 스승의 날 아침에는 에덴반 아이들과 지 선생님 모두가 즐거운 이벤트를 경험했다. 그 다음날 아침 1교시 수학시간이 되었다.

"여러분 혹시 친구들과 함께 떡볶이나 어묵 같은 음식을 분식집에서 먹은 다음 자기가 먹은 음식값을 각자 지불해 본 적이 있나요?"

친구들과 잘 어울리며 자주 학교 앞 분식집에 가는 이성숙을 비롯한 여자 아이들 5명이 손을 들었다.

"예 저희 친구들은 누가 한턱 쏜다고 한 날을 제외하고 꼭 자기가 먹은 음식값은 각자 내기로 약속하고 각자 내고 있습니다."

여자 아이들 5명을 대표해서 이성숙이 군침이 도는 떡볶이를 생각하고 있는 얼굴로 입맛을 다시면서 말했다.

"성숙이가 말한 것처럼 자기가 먹은 음식 값이나 자기가 사용한 대금을 각자 지불하는 것을 무엇이라고 하는지 아는 사람 있어요?"

"예, 더치페이라고 합니다."

세계의 여러 나라에 관련된 책들을 여러 번 읽어서 사회박사이자 영어실력이 출중한 구성주가 대답했다.

"성주야, 이리 나와서 영어로 적어볼래?"

교실 앞으로 나온 구성주는 화이트보드에 파란색 보드마카를 가지고 'Dutch Pay' 라고 쓰고서 자기의 자리로 들어가려고 했다.

"Dutch Pay 라는 말의 pay라는 말은 '지불하다' 라는 뜻으로 알고 있는데 'Dutch' 라는 말이 무슨 뜻인지 알고 있나요?"

구성주의 친한 친구인 정토론이 질문을 던졌다.

"여러분들 중에서 Dutch라는 말의 뜻을 알고 있는 친구 있나요? 힌트를 주자면 유럽에 있는 아주 자그마한 나라인데요."

구성주는 그 뜻을 잘 알고 있었으나 수학시간이 재미를 더해가도록 하기위해 다른 친구들에게 알아맞힐 시간을 주었다.

"육지의 대부분이 해수면 보다는 낮고 풍차가 유명한 네덜란드입니다."

아이들이 생각을 정리하고 있는데 쓰는 것에는 매우 약하지만 독서량과 기억력에서 앞서는 왕공생이 불쑥 대답했다.

"예, 네덜란드 정답입니다."

"왕공생과 구성주 그린스티커 한 개씩 붙여요."

에덴반은 이렇게 수업시간 중에 퀴즈를 맞추거나 모범적으로 숙제를 한 경우뿐만 아니라 친구들에게 좋은 본보기가 되는 행동을 한 아이들에게는 그린스티커를 주는 제도가 있었다. 매 학기말에는 그린 스티커를 가장 많이 모은 남녀 아이들 각각에게 지유엄 선생님의 별명이 들어 있는 '여목(如木)' 장학증서와 함께 장학금을 주고 있었다. 에덴반 아이들은 지 선생님이 왜 수학시간에 더치페이에 대하여 언급을 했는지에 대하여 궁금해 하고 있었다.

"선생님이 왜 더치페이에 대하여 물어보았을까요?"

이러한 질문에 대답하는 아이들은 아무도 없었다. 지 선생님은 말을 이어갔다.

"지구상에서 수학이 가장 발달된 나라가 네덜란드이고 그 나라의 아이들은 어렸을 때부터 수학을 일상생활의 문제들과 연결해서 많은 공부를 하고 있는 것으로 알려져 있어요. 이러한 수학교육방법을 영어로 RME(Realistic Mathematics Education)이라고 하는데 이 용어의 뜻이 무엇일까요?"

지유엄 선생님은 화이트보드에 'RME'를 영어로 풀어서 써 주고 나서 아이들에게 물어보았다.

"예, 현실적인 수학교육입니다."

매사에 민감하기로 소문난 현수실이 얼른 대답했다.

"수실이가 정확하게 맞추었어요. 네덜란드의 수학자들이 학생들에게 수학적인 경험을 통해 수학을 좀 더 깊게 이해하고 더불어 자기 주위의 세계를 이해하는 데 수학적 수단을 사용할 줄 알게 하기 위해 현실적 수학교육이라는 것을 만들었다고 해요. 즉, 처음부터 수학은 현실 세계에의 응용이 아니라 현실 세계에서 출발하여 수학화 과정을 거치고 난 후 다시 현실 세계로 돌아 올 수 있도록 구체적인 내용을 제공하는 것이 중요하다고 생각하고 있었어요."

"어~ 어~ 선생님, 그렇다면 네덜란드 사람들은 어렸을 때부터 수학과 현실적인 문제들을 연결시켜서 공부를 했기 때문에 현재까지 부강한 국가가 되었다는 말씀인가요? 현실적 수학학습에 대하여 좀 더 자세히 말씀해 주시겠어요?"

말을 시작할 때 '어~어~' 하고 끌다가 본 내용을 시작하는 정토론이 물었다.

"먼저 네덜란드는 '화란'이라고도 불리기도 하는데 영국과 프랑스라는 강대국 사이에서 그들에게 흡수되지 않고 나름대로 멋진 문화를 꽃피워 온 나라이지요. 그 나라가 그렇게 된 까닭이 유럽의 어느 나라들보다 매우 개방적이고 관대해서 발달된 문화를 재빨리 받아들이는 전통 때문이라고 해요. 그래서 유럽 각국의 학자들이 화란으로 망명하여 수많은 활동을 통해 정말 뛰어난 이론이나 작품을 만들어 냈다고 하지요. 1970년대 말부터 지금까지 현실적 수학교육을 만들어온 네덜란드 수학자 프로이덴탈(Freudenthal)의 지지자들이 이상적 현실주의 수학으로부터 현실적 현실주의 수학학습을 만들었다고 해요. 프로이덴탈은 5가지 현실적 수학교육을 주장했지요. 첫째, 현실 상황을 직관적으로 탐구해서 문제에 들어있는 수학적 의미와 규칙성 등을 발견해 내도록 하고 이 때 탐구를 통해 얻은 직관은 수학적 개념을 재발명하는 기초가 되지요. 또한 현실상황으로부터 파악된 직관적 관념에서 형식화, 추상화 등을 통해 수학적 개념을 추출해 내는 것이지요. 그런 다음 수학적 개념을 더 구체적으로 형식화하여 표현하고 정의해요. 이렇게 현실적 수학 교육에서는 기존의 수학 수업에서 제공되는 인위적이거나 문제 해결 자체로만 끝나는 상황 문제가 아니에요. 진정한 현실과의 연결 속에서 학생 스스로 자신의 경험을 바탕으로 수학적 개념을 비형식적으로 발견해 낼 수 있도록 하지요. 또한 이러한 비형식적 수준에서 추상화된 수준으로 옮겨진 수학을 다시 현실 상황에 맞게 적용할 수 있도록 도와주지요. 그러므로 적절한 현실 상황을 제공하여 여러분들이 수학을 재발명할 수 있도록 하는 것이 선생님이 수학시간에 할 중요한 역할이지요.

지 선생님이 설명하는 내용들이 어려워서 에덴반 아이들은 인상을 찌푸리고 있었지만 그래도 어느 정도는 현실적 수학공부에 대한 특징을 이해했으면 좋겠다는 바람을 가지고 가능한 설명을 짧게 마쳤다.

"선생님, 다른 것들은 어느 정도 이해가 되는데 '직관적'이라는 말의 뜻을 제대로 모르겠습니다."

평소에 꼼꼼한 성격으로 선생님이 설명한 내용 중에서 제대로 이해가 되지 않으면 꼭 묻고 넘어가는 계푸른이가 질문을 했다. 사실 지유엄 선생님도 그러한 질문이 나오길 기대하고 있었다.

"선생님도 그러한 질문이 나오리라 기대했어요. 직관적이라는 말의 뜻은 한 부문에 오랜 시간에 걸친 경험에 의해 자연스럽게 나타나는 것으로서 타인과 비교해 볼 때 엄청나게 짧은 시간에 모든 종합적인 사고 과정을 거쳐서 결과를 도출해 내는 특수한 능력을 말해요."

"선생님, 직관적이라는 것에 대해 어느 정도 이해가 가지만 예를 들어서 설명해 주시면 고맙겠습니다."

키가 제일 작고 깡말랐으나 사고력이 뛰어나고 예리한 현수실이 말했다.

"여러분 혹시 현대그룹의 고 정주영 회장님을 아는 사람 있어요?"

에덴반 아이들 중 5명 정도가 손을 들었다.

"고 정주영 회장님은 초등학교도 제대로 졸업하지 못하시고 강원도 어느 지역에서 뛰쳐나와서 지금의 현대자동차, 현대조선, 현대건설 등의 회사를 거느리는 현대그룹을 만드신 분으로 우리나라 경제발전에 크게 기여하신 분으로 알고 있습니다."

남공생은 어떤 글을 줄줄 읽는 것처럼 고 정주영 회장님에 대해서 설명을 마쳤다.

"선생님, 고 정주영 회장님과 더불어 현재 삼성그룹을 만드시는 데 많은 기여를 하신 분으로 고 이병철 회장님에 대하여도 저희 할아버지께서 자주 말씀하십니다."

할아버지와 할머니, 그리고 가족이 함께 살고 있는 구성주가 남공생의 말을 거들었다.

"그래요. 2011년도에는 우리나라가 세계에서 9번째로 수출입 규모 1조 달러를 달성하는 쾌거를 기록했지요. 그렇게 되기까지 희생에 가까운 피나는 노력을 기울였던 노동자분들과 함께 대기업의 회장님들 세 분을 뽑는데 아까 구성주가 말했던 삼성의 고 이병철 회장님, 공생이가 말했던 현대의 고 정주영 회장님, 그리고 여러분들은 잘 모르겠지만 LG그룹의 구자경 회장님과 같은 분들이지요. 앞에서 언급한 세 분들 모두 오랜 경험에서 나온 직관력이 뛰어나서 이렇게 훌륭한 기업을 만드시고 기업이라는 나무의 튼튼한 뿌리가 되었지요."

"선생님, 그런데 직관적인 생각의 예를 들어 설명해 주시기로 하셨는데 왜 대기업 창업주에 대한 설명을 하셨습니까?"

지유엄 선생님은 배경지식이라는 명분으로 자신도 모르게 소위 삼천

포로 자주 빠져서 어느 때는 수업시간에 진도를 제대로 나가지 못하는 상황을 만들곤 했다. 그러한 사실을 알고 있었던 아이들을 대표해서 씩씩한 이지성이가 질문을 던졌던 것이다.

"아, 미안해요. 고 정주영 회장의 직관력에 대한 설명을 하기로 했었는데 그만 삼천포로 빠졌네. 여러분 혹시 서해안에 대규모 간척사업과 폐유조선 이야기에 대한 이야기를 알고 있어요?"

ⓒ 현대건설

지 선생님의 갑작스러운 질문에 에덴반 아이들은 대답이 없었다.

"1984년에 여의도의 48배에 해당하는 서해안을 간척하여 농토로 만드는 공사가 한창이었어요. 그런데 바다를 메우려면 육지의 양쪽에서부터 덤프트럭으로 돌과 흙을 이용해서 공사를 해야 했지요. 마지막 시점 약 270m를 앞두고 엄청난 고민에 휩싸였어요. 왜냐하면 바닷물의 속도가 초당 6m였기 때문이지요. 덤프트럭으로 돌이나 흙으로 메우면 바닷물이 쏴악 쓸어내려가 버리고 또 메우면 또 쓸어 내려가 버리기 일

쑤였기 때문이지요. 이 때 고 정주영 회장이 공사 현장을 방문한 자리에서 기름을 실어 나르다가 못쓰게 된 폐유조선을 이용해서 '물막이공사'를 하라고 지시했어요. 그렇게 하다 보니까 감쪽같이 물막이 공사를 성공하게 되었지요. 과학적으로 측정하지 않고 오랜 경험에 의해 즉석에서 생각해 내어 문제를 해결하는 힘, 그것이 바로 무엇이라고요?"

"예, 직관적 사고력입니다."

에덴반 아이들은 지 선생님의 설명에 수학시간인지, 사회시간인지, 과학시간인지 넋을 빼놓고 흥미롭게 열심히 듣고 있었다. 그리고 이어서 지 선생님은 프로이덴탈의 5가지 현실적 수학교육 개념들 중에서 두 번째 이야기를 했다.

"둘째, 현실적 수학학습은 수학적 개념과 기능을 학습하는 것으로써 오랜 기간에 걸쳐서 다양한 추상화 수준에 따라 이행되는 과정이지요. 이와 같이 추상적인 수학적 지식을 어떻게 가르칠 것인지가 수학교육의 중요한 문제 중 하나이에요. 그러기 위해서 현실적 수학교육에서는 학생들이 추상화가 증가하는 여러 수준들을 거쳐 진행해갈 수 있도록 적절한 모델을 제공하는 것을 강조하는 것이지요. 그런데 구체적 또는 추상적이라는 뜻은 정해져 있는 것이 아니라 변화하고 있는 것으로 받아들여야 하는 데, 이는 초등학교 저학년에서 추상적이었던 것이 고학년에서 구체적인 것으로 여겨질 수도 있기 때문이에요."

"선생님, 아까 말씀하신 모델이라는 것이 바둑알이나 각종 입체도형같이 저희들이 직접 보거나 만져볼 수 있는 것인가요?"

현수실이 물었다.

"그렇지요. 수실이가 말한 것처럼 모델은 그러한 것들을 말해요. 그

것들과 더불어 수직선이나 그림 등을 그려가면서 이해하는 것을 구체적이라고 하지요. 추상적이라는 것은 특정 시간이나 공간에만 통하는 것이 아니라 어떤 시간이나 공간에서 통하는 것을 말해요. 예를 들면 사랑, 행복, 성공, 실패 등과 같은 것들이지요."

"선생님, 저도 4학년 때 제대로 몰랐었던 것들을 5학년 때 정확히 이해하게 되는 기쁨을 가진 때가 자주 있습니다."

주도학이 어려운 내용들을 어느 정도 이해해서 기분이 좋은 얼굴로 발표했다.

"그래, 여러분들도 그렇지요? 바로 도학이가 이야기한 것처럼 현실적 수학공부에서 이야기하는 것이 그렇게 움직이는 상황을 이야기하고 있어요."

에덴반 아이들도 자신들이 저학년 때에 제대로 이해하지 못했던 것들을 고학년이 되고서 정확히 알게 된 것이거나 단원의 시작 단계에서는 제대로 이해하지 못했던 것들을 배워가면서 이해하기 시작했던 것들을 떠올리면서 고개를 끄덕였다.

"어때요. 현실적 수학공부에 대한 설명이 다소 어려워 보이지만 어느 정도 이해가 되나요?"

"예"

에덴반 아이들은 큰 소리로 대답을 했다. 그 다음에 이어질 이야기를 궁금해 하기도 했다.

"현실적 수학공부에 대한 세 번째 설명이에요. 여러분 자신이 생각하고 만들어낸 것들은 공부과정에서 중요한 역할을 하게 되지요. 다른 결과 절차에서 여러분 스스로 구성한 것은 주제 영역 내의 문제와 그에 관한 그들의 아이디어를 산출하기도 해요. 다양한 범위가 좁은 수준의 문제를 해결하는데 사용되어질 수 있어요. 여러분들은 자신의 창작활동을 통해서 현실과 관련된 문제가 다양한 수준에 맞는 해결책을 허용하는 열린 문제 또는 스스로 보충할 것을 요구하는 불완전한 문제를 다루는 것도 필요하지요. 이와 같이 여러분들의 창작활동을 통한 수학화 과정에서의 핵심적인 역할을 함으로써 형식적인 수학적 개념과 계산, 구조 등으로 쉽게 이해될 수 있다는 것이지요."

지유엄 선생님은 수학시간에도 학생들끼리 이야기 하면서 문제를 해결하는 것을 매우 중요하게 여겼다. 아마도 이러한 현실적 수학공부라는 공부 방법을 알고 있어서 그런 것 같았다.

"자. 이제 네 번째로 현실적 수학교육의 수업은 여러분 개개인의 구성 활동뿐만 아니라 상호작용 수업이 실현될 때 효과적일 수 있어요. 즉, 여러분들은 다양한 현실적 문제 상황을 해결하는 과정 속에서 서로 상의하여 참여, 타협, 협동해서 주어진 문제를 재검토할 때가 많아요. 이 때 선생님은 어떤 역할을 해야 할까요?"

에덴반 아이들은 현실적 수학교육에 대해 설명하는 중에 네 번째에 대한 설명을 들을 때의 몰입도가 가장 좋았고 흥미 있어 했다.

"예, 선생님은 일방적으로 설명해 주시는 것이 아니라 도와주거나 안내하는 역할을 하셔야 된다고 생각합니다. 왜냐하면 그렇게 될 때 저희들끼리 서로 의논하면서 문제를 해결하는 것이 의미가 있기 때문입니다."

에덴반 아이들은 평소에도 어른들의 설명을 별로 좋아하지 않고 자기 혼자 또는 모둠 활동을 통해서 학습하거나 문제를 해결하기를 좋아하는 마음을 대표해서 속시원하게 발표해 준 주도학에게 환호성을 보내주었다.

"우리 도학이가 말했던 것처럼 선생님은 설명 위주가 아니라 조력자, 안내자로서 역할을 담당해야 합니다. 모둠을 편성할 때에는 서로 다른 수준의 학생들이 구성되도록 도와주어야 해요. 집단에서의 수학 활동을 통해 부진한 학생과 우수한 학생 모두 서로에게 도움을 받을 수 있다고 보기 때문이지요. 이러한 상호작용은 전체집단이 수학 학습에서 발전할 수 있도록 도와줍니다. 학생들이 개발한 비형식적인 전략들과 절차들을 표현할 수 있는 기회를 잘라버리기 보다는 그것들이 허용되고 촉진되어 이용되도록 하는 것이 중요하기 때문이지요."

생소하기도 하고 어려운 개념의 낱말들이 많이 등장해서인지 에덴반 아이들은 지루함을 느끼기 시작했으나 지 선생님이 워낙 진지하고 열기 있게 설명을 하고 있어서 억지로 참아내고 있었다. 빨리 현실적 수학공부에 대한 설명을 끝내고 조금 재미있고 실질적인 수학공부를 하길 원했다.

"여러분, 지루하지요? 선생님도 잘 알고 있어요. 마지막으로 짧게 약 2분 정도 현실적 수학공부 방법에 대한 설명을 끝내고 진짜로 현실적 수학문제들을 재미있게 풀어 보기로 해요."

"예~, 감사합니다."

에덴반 아이들은 자신들의 처지를 이해하여 주는 지 선생님께 고마운 마음이 들었다.

"마지막으로 현실적 수학공부 방법은 한 가지 구조나 한 가지 개념만을 포함할 만큼 단순한 현상은 현실세계에서 드물다고 이야기하고 있지요. 다양한 학습 내용을 포함하고 있는 일반적인 예로써 활용할 수 있는 문제 상황을 찾아내려고 노력하는 것이에요. 그래서 현실적 수학공부

방법은 수학의 여러 영역과 단원 및 그들 사이의 연결이 필수적인 것이라고 보는 것이지요. 그러므로 교사는 학생들이 새로운 관점에서 기존의 지식을 살펴볼 수 있는 기회를 충분히 마련해 주어야 하지요. 쉽게 정리해 보면 한 가지 학습 내용은 그 자체로서도 의미가 있지만 여러 학습 요소들과 연결되어 있기도 하다는 말이지요."

에덴반 아이들은 중요한 용어들에 대해서 보드에 적어가면서 설명을 열심히 하는 지 선생님의 이야기에 집중을 했지만 절반은 확실히 알아 듣고 나머지 절반은 정확히 이해하지 못하는 눈치였다.

지루해 하고 있는 에덴반 아이들을 위해 지 선생님은 1988년 서울 올림픽 개막식 때 초등학교 남자아이가 굴렁쇠를 굴리고 들어오는 동영상을 보여주었다.

"자, 오늘 수학시간에는 어떤 내용들을 공부해야 할까요?"

"예. 선생님, 혹시 아까본 동영상과 관련이 있나요?"

가장 빨리 손을 드는 남공생이 물었다.

"물론이지요."

"예. 원주와 원주율에 대해서 공부할 것 같습니다."

"여러분들도 공생이와 같이 생각하나요?"

"예, 그렇습니다."

에덴반 아이들 모두가 크게 대답했다.

"그런데 2011년에 근·현대 문화유산 보존과 관련해서 그 굴렁쇠가 우리나라 예비문화재로 인증되었다고 해요. 혹시 아이가 굴렸던 굴렁쇠가 한 바퀴 굴러가면 몇 cm 앞으로 나아가게 되는지, 굴렁쇠의 둘레의 길이는 굴렁쇠 지름의 몇 배가 되는지 알 수 있을까요? 먼저 여러분들이 가지고 있는 원모양의 물건들을 가지고 생각해 봐요."

아이들의 대답이 끝나자마자 지 선생님은 다시 물었다.

에덴반 아이들은 모둠원들끼리 준비한 줄자와 원모양의 물건들의 둘레를 재고 나서 이야기를 나누었다.

"야, 놀랍게도 컵과 화분, 페트병, 두루마리 화장지의 원의 둘레의 길이를 가지고 지름을 나누었더니 그 값이 약 3.14나 3.16, 3.15가 되네."

"그래, 놀라운 걸"

"야, 너의 모둠은 어땠니?"

"우리 모둠도 3.14보다 약간 작거나 크게 나왔어."

지유엄 선생님은 아이들에게 다시 물어보았다.

"값이 나왔어요?"

모든 아이들이 손을 들었다.

"자, 여러분들이 찾아낸 결과를 모두 이야기 해 보세요."

선생님은 모든 아이들이 열심히 결과를 도출해냈기 때문에 나름대로의 결과를 발표하도록 했다. 제한된 시간에 많은 아이들의 활동을 더욱 활발하게 하기위해서 이러한 방법을 자주 사용했다.

"선생님, 혹시 88서울올림픽 때 사용했던 굴렁쇠의 지름을 알 수 있나요?"

현수실이 예리하게 질문을 던졌다.

"정확하게 알 수는 없으나 지름이 약 60cm라고 생각해 봐요."

"선생님, 그러면 저희들이 선생님께서 물어보신 굴렁쇠가 한 바퀴 굴러갔을 때의 길이를 알 수 있습니다."

"어떻게 알 수 있지요?"

"저희들이 아까 측정했던 여러 가지 원주의 길이를 지름으로 나누어 보니 약 3.14 였습니다. 그래서 이것을 응용해 보면 지름의 길이에 3.14를 곱하면 원주의 길이를 알 수 있다고 생각합니다."

"수실이와 같이 생각하는 사람 있어요?"

에덴반의 모든 아이들이 자신이 넘치는 모습으로 손을 힘차게 들었다. 다른 과목은 잘하지만 수학과에 별로 흥미가 없고 성적이 만족스럽지 못한 오진실의 표정도 매우 자신 있어 보였다. 지 선생님은 진실이에게 수학과에 흥미와 자신감을 키워줄 수 있는 절호의 기회가 왔다고 생각했다.

"진실이 앞으로 나와서 보드에 적어가면서 설명해 봐요."

오진실은 얼굴이 다소 붉어졌지만 표정에 자신감이 넘쳐흘렀다. 진실이는 화이트보드에 이렇게 적었다.

원주의 길이 = 지름 × 원주율
굴렁쇠가 한 바퀴 굴러간 길이는 굴렁쇠 둘레의 길이와 같으므로
굴렁쇠 둘레의 길이는 60cm × 3.14 = 188.4cm

오진실이 보드에 계산한 것을 보고 아이들은 환호성과 함께 박수를 보내주었다.

"우리 진실이가 풀어 낸 것을 보고 느낌을 이야기 해 줄 사람 있어요?"

운동도 잘하고 정신연령이 높아 사춘기가 깊게 드리워져있고 에덴반 여학생 중에서 가장 언니 같은 이성숙이가 제발 자기 좀 시켜달라는 마음이 담긴 눈으로 강하게 사인을 보내고 있었다.

"좋아, 이성숙"

"저는 진실이가 단순하게 수식만을 적을 줄을 알았는데 그 앞에 원주의 길이와 지름 및 원주율 간의 관계를 써 놓고 수식을 풀어서 깜짝 놀랐고, 진실이가 평소에 수학을 제대로 못하는 줄 알았으나 이렇게 멋지게 풀어내는 것을 보니까 앞으로 조금만 더 열심히 하면 어느 누구 보다도 수학을 잘 할 수 있을 것이라고 생각합니다."

또 한 번의 박수갈채와 환호성이 터져 나왔다. 성숙이도 학기 초에는 수학 점수가 그다지 높지 않았으나 최근에 들어서 단원평가를 본 점수가 매우 높았다.

"오늘 수학시간이 정말 재미있는 것 같구나. 우리 진실이와 성숙이가 양념이 되어서 수학음식을 맛깔나게 만들어 주었어요."

지 선생님은 이렇게 즐거운 분위기를 한층 고조시키려는 생각으로 칭찬을 해 주었다.

"여러분 작년 선배 중에서 임준상이라고 아나요?"

"예"

에덴반 아이들은 5학년 때 인기짱이었던 임준상 선배를 지금은 졸업했지만 지유엄 선생님이 지도한 것을 모두 다 알고 있었다.

"준상이의 꿈은 테마 놀이공원을 만드는 것이래요. 그런데 그 테마 중에서 수학과 테마공원이 들어 있었어요. 지금 생각나는 것이 놀이공원 내에 허블망원경을 떠 올리는 허블 우주여행이라는 회전 놀이기구를 만든다고 했어요. 그 중 특징적인 것이 각 관람차마다 망원경을 설치해서 높이 올라가면 올라갈수록 주변의 사물들을 더욱 멀고 넓은 범위를 관찰할 수 있게 한다는 것이지요."

"선생님, 그런데 왜 그런 말씀을 하시는 거예요?"

좀 엉뚱하지만 상대측의 마음을 꿰뚫어 보는 힘을 가지고 있는 오광활이 물었다.

"허블 우주여행이라는 회전 놀이 기구 둘레에 4m 70cm 간격으로 망원경이 설치되어 있는 관람차를 매달려고 할 때 이 회전 놀이기구 지름이 30m라면 몇 개의 관람차를 매달 수 있는지에 대한 문제를 내려고 했어요. 자, 각자 풀어 볼 수 있어요?"

에덴 반 아이들은 수학시간마다 별도로 내 주는 문제를 종합장에 열심히 풀었다. 아이들이 문제를 열심히 풀고 있을 동안 지 선생님은 아이들이 풀고 있는 내용을 살피기 위해 이 곳 저 곳을 돌아다녔다. 에덴반의 남공생은 5학년 때 까지 수업시간에 필기를 전혀 하지 않았고 6학년 때에도 거의 필기를 하지 않았으며 필기를 하라고 하면 머릿속에 다 저장되었다고 주장하는 아이었다. 그런데 이상하게도 오늘 수학시간에는 아주 정교하게 문제를 종합장에 적어가면서 풀고 있는 것을 목격했다. 모든 아이들이 문제 풀이를 마쳤을 때 지 선생님은 발표를 시켰다.

"자, 남공생 앞으로 나와서 문제를 풀어 봐요."

남공생은 화이트보드에 이렇게 적었다.

> 회전 놀이 기구의 둘레는 30m×3.14=94.2m
> 회전 놀이 기구의 둘레를 각 관람차 사이의 거리로 나누어 준다.
> 94.2m÷4.7m=20개

"이렇게 실제 생활과 관련된 문제들을 풀어보니까 수학이 그다지 어렵지 않고 멀리 있지 않다는 생각이 드나요?"

"예, 앞으로 매 수학시간마다 저희들이 공부하는 것들을 일상생활에서 어떻게 적용되는지 함께 공부하면 흥미도 있을 뿐만 아니라 잘 잊어버리지 않을 것 같습니다."

늘 쉽게 생각하고 우스꽝스러운 발표로 학급의 다른 친구들에게 웃음을 안겨주는 전경솔이 말했다.

"이렇게 해서 오늘 RME 수업을 마치고 경솔이가 말한 것처럼 가능한 많이 우리 생활 속에서 수학적인 요소들을 찾아보기로 해요. 최근에는 조선시대의 화가 김홍도의 《씨름도》에도 수학적인 규칙성이 숨어있는 것을 발견했다고 해요."

지 선생님의 마무리 멘트가 끝나자마자 수업을 마치는 음악이 흘러나왔다.

지유엄 선생님은 평소에도 수학시간마다 아이들의 흥미를 꾸준히 유발하여 적극적으로 참여가 이루어지도록 노력했다. 그리고 아이들이 진지한 자세로 호기심을 가진 탐구 덕분에 '아하!' 하고 깨달음의 기쁨이 있는 수업이 되도록 힘썼다.

05

전 과목에 사용되는 토의학습

● 친구들을 존중하고 의견을 경청하면서 이야기를
하다보면 정답이 보인다.

　에덴반 아이들은 오각기둥 모양의 인조 대리석 탁자가 놓여있는 과학실에서 수업하길 매우 좋아했다. 친구들과 놀이에 가까운 과학실험을 한다는 부푼 기대감을 가지고 있었기 때문이었다. 3월 첫째 주 과학실로 가는 발걸음이 그 어느 때 보다도 가볍고 흥겨웠다.
　"오늘은 남학생과 여학생들끼리 번호 순서대로 5명씩 섞어서 자리를 배정하고 선생님이 나누어준 내용을 가지고 목소리 크기를 조절하는 연습을 하겠어요. 여러분들 중에서 5학년 때 까지 모둠학습 특히 모둠별로 과학실험을 할 때 서로 큰 소리로 떠들어서 실험이나 모둠별 토의를 제대로 못해 본 경험이 있는 사람 있어요?"

질문을 던졌던 지유엄 선생님은 깜짝 놀랐다. 너무도 의외였던 것이다. 28명 중 한 명도 손을 들지 않고 있는 아이가 없었던 것이다.

"아니, 그동안 모둠학습을 할 때 모두들 불만이 많았나 봐요?"

"예, 선생님"

에덴반 아이들이 일제히 대답했다.

"그래, 과학과 연구위원장인 김차분이가 말해 볼까?"

"이제까지 저와 저의 친구들이 처음에는 작은 목소리로 실험을 시작해서 점점 목소리가 커지고 다른 모둠에서 소리가 커지다 보니까 자기들 모둠도 목소리가 커져서 나중에는 마치 시장처럼 어수선 할 때가 많았어요."

김차분은 그동안 모둠별 활동 태도에 대해서 솔직하게 이야기했다.

"그러면 우리 모두 재미있는 과학 공부가 되도록 규칙을 정하고 싶은데 괜찮겠어요?"

"예, 어떤 규칙인가요?"

지유엄 선생님의 제안 중에서 '규칙'이라는 말이 마음속에 좀 걸리기는 했었지만 그동안 알게 된 지 선생님의 성향을 봐서 크게 무리가 될 것이 없다는 듯한 인상을 가지고 아이들은 대답했다.

"첫 번째 규칙은 목소리의 크기를 상황에 따라 조절하여 보자는 것이지요. 목소리의 크기를 '톤'이라고 하고서 1톤부터 4톤까지 정하겠어요. 먼저 1톤은 자기 혼자서만 들리는 소리의 크기예요. 2톤은 2명만 들리게 목소리를 조절해 보는 것이지요. 그러면 3톤은 어떤 크기일까요? 예를 들면 4명이면 4명, 5명이면 5명인 모둠원들끼리만 들리게 이야기를 하는 것이지요. 마지막으로 4톤은 예상할 수 있겠지요?"

지 선생님은 에덴반 아이들이 알 것 같으면 일제히 답을 발표시키는 습관이 있었다.

"자, 모두들 이야기 해봐요."

에덴반 아이들이 각자의 생각을 발표했다. 그들이 발표하는 말들 중에는 '우리 학급 전체의 아이들이 들릴 수 있는 목소리의 크기'라는 것이 제일 많았고, 몇 몇 아이들은 '가능한 큰 소리를 말하는 것'이라고 말하기도 했다.

"그래요. 발표들을 참 잘했어요. 4톤은 우리 학급 전체의 아이들에게 들릴 수 있도록 큰 소리로 말하는 크기예요."

지 선생님은 에덴반 아이들에게 1톤부터 4톤까지 복습을 하기 위해 다시 한 번 확인시켰다.

"자, 그리고 여러분들이 모둠별로 토의할 때 목소리 크기 조절과 더불어 생각해 볼 것이 있어요. 그것은 모둠 구성원들이 매 시간마다 돌아가면서 그 시간의 사회자 즉 M.C(master of ceremony)가 되는 것이지요. 사회자는 그 모둠에서 최고로 힘을 가진 아이인 동시에 모둠원 친구들을 모두가 평화롭게 인도하는 지도자이기도 하지요. 사회자는 돌아가면서 하기 때문에 큰 불만이 없을 거라고 생각해요."

"선생님, 저희들의 대부분은 실험을 할 때 재미있는 실험을 서로 하려다가 다투기도 하고 선생님께 지적을 받기도 했습니다. 그래서 실험을 제대로 하지도 못하고 발표할 때에도 서로 하려고 하거나 하지 않으려고 해서 모둠활동이 제대로 되지 않을 때가 많았어요."

키가 제일 크고 정직하기도 하며 은근히 멋을 잘 내는 문바른이 말했다.

"그래요. 바른이가 이야기 한 것처럼 우리들도 모두가 같이 사회자 친구의 말에 따라서 움직이고 또 사회자에게 의견을 제시하면서 모둠학습을 하기로 해요."

순발력이 뛰어나고 지 선생님의 의중을 가장 빨리 파악하는 나직설이 손을 들었다.

"어, 직설이 무슨 할 이야기가 있나요?"

"예, 선생님께서 제시하여주신 예시문을 저희 모둠원 친구들이 연습해서 합격과 불합격을 판정해 주시면 토의를 잘하는 태도가 확실하게 습관이 되고 매우 유익한 과학실험이나 모둠활동이 될 것으로 생각합니다."

"그래요. 지금 선생님이 칠판에 적어 줄테니 여러분들은 1톤부터 4톤까지 연습을 하되 오늘은 각 테이블의 정면에 앉아있는 친구가 1번이고 사회자가 되기로 해요. 그리고 번호를 매기는 순서는 시계바늘이 도는 반대방향으로 하겠어요."

지유엄 선생님은 교훈이 담긴 문장을 칠판에 적기 시작했다.

> 사람은 시련과 역경의 시간에 그 그릇이 확연히 드러난다. 염치없는 사람은 남을 해코지해서라도 제 처지를 만회해 보려고 한다.

"자, 지금부터 10분 정도 후에 각 모둠별로 연습한 결과를 확인하고 합격과 불합격을 정해 보겠어요. 잘 할 수 있겠어요?"

"예, 살 할 수 있습니다."

에덴반 아이들은 사회자가 된 친구의 지시에 따라 제각기 목소리 톤을 연습해서 최종적으로 4톤까지 연습했다. 그리고 6개 모둠 모두 합격

판정을 받았다.

"선생님, 과학시간에는 이렇게 한다고 하지만 도덕이나 사회, 국어, 수학 시간 같은 때에 모둠별로 토의를 하는 방법도 이렇게 하면 되나요?"

수업태도가 가장 좋고 상식이 풍부하기로 소문난 구성주가 질문했다.
"그래, 우리 성주의 질문이 매우 시기적절해요. 토의 수업은 이런 방법으로 공부하는 것이지요. 먼저 선생님이 도덕과의 경우에 토의할 문제 상황을 먼저 제시해 줄 거예요. 수학과는 모둠원들끼리 해결할 문제가 있다든지, 사회과나 국어과의 경우에도 모두 동일한 경우일 거예요. 즉, 문제 상황을 제시하면 일단 선생님이 그것에 대한 해결책을 여러분들에게 물어 볼 것입니다. 그러면 몇 명 아이들의 생각을 듣고 나서 모둠별로 토의를 시키겠어요. 이 때 우리들이 학습했던 모둠학습 방법대로 토의를 하지요. 그 다음 각 모둠에서 정해진 내용들을 모둠 대표들이 발표를 한 것 중 가장 적합한 의견들과 여러분들 자신이 생각했던 것들을 비교한 뒤 새롭게 알게 된 것들을 확인하고 점검하는 과정을 거치는 것이 일반적인 토의 학습 방법이지요."

"선생님, 혹시 선생님께서 말씀하신 일반적인 토의 학습의 예를 들어서 다시 한 번 설명해 주실 수 있으십니까?"

확실하게 이해가 되지 않으면 꼭 다시 질문을 해서 알아내는 습관을 지닌 계푸른이 손을 들어서 질문했다.

지유엄 선생님은 벽에 걸려 있는 시계를 보았다. 이번 수업시간이 끝날 때까지 12분이나 남아 있었다. USB에 들어 있는 토의 학습방법과 문제 상황이 떠올랐다. 얼른 컴퓨터에 꽂아서 폴더를 찾았다. 그리고 나서 과학실 앞 스크린에 빔 프로젝터로 다음과 같은 예시문을 제시해 주었다.

> 질문 내용은 주인공의 입장을 정확하게 파악하게 하기 위한 것과 올바른 행동을 선택하기 위한 판단 내용, 생각해 보는 기준을 다르게 하여 접근해 보는 질문으로 구성하는 것이 학생들의 생각을 다양하게 이끌어내는 데 효과가 있습니다. 간단한 메모 형식의 정리를 할 수 있는 학습지를 구안하여 사용하는 것도 효과적입니다. 특히, 질문 내용을 구성함에 있어서는 문제 상황에 대한 어린이들 각자의 자발적이고 적극적인 의견이 다양하게 나타날 수 있도록 하며, 교사가 새로운 정보를 추가하여 한 단계 높은 수준의 판단을 할 수 있도록 도와주는 질문을 마련하는 데 유의합니다. 질문에는 대체적으로 '문제 상황의 내용 파악과 관련된 질문', '주인공의 역할과 관련된 질문', '판단 결과와 관련된 질문' 등을 마련해야 합니다.

"자, 토의수업을 위한 문제 상황 및 질문하는 전략을 함께 생각해 봐요."
지 선생님은 스크린에 제시된 글의 내용을 열심히 읽고 난 에덴반 아이들에게 질문을 했다.
"토의주제를 정확히 파악해야 한다고 생각합니다."
구성주가 또박또박 대답했다.
"다음은 여러분들의 판단력과 토의 수준을 높이기 해서 어떻게 해야 하지요?"
에덴반 아이들의 시선은 정토론에게 모아졌다.
"선생님, 먼저 저희들은 문제 상황에 알맞게 정확히 대답해야 된다고 생각합니다."

"역시 정토론다워요."

"자, 선생님이 보여준 예화를 세심히 읽어봐요."

지 선생님은 준비한 예화를 스크린에 펼쳐서 보여 주었다.

> 제목 **김씨 아저씨의 선택**
>
> 어느 추운 겨울밤에 트럭 운전사 김씨 아저씨는 트럭에 짐을 가득 싣고 부지런히 선착장으로 가고 있었다. 배가 출발할 시간이 얼마 남지 않았기 때문에 차량 통행이 드문 지름길로 급하게 가고 있었는데, 선착장에 거의 다와 가는 곳에서 길바닥에 어떤 사람이 쓰러져 있는 것을 보고 급하게 브레이크를 밟았다. 트럭을 세우고 내려서 살펴보니, 피를 흘리며 쓰러져 있는 교통사고를 당한 사람이었다. 작은 신음 소리를 내면서 쓰러져 있는 그 사람 가슴에 손을 대보니 심장도 아주 약하게 뛰는 것이 금방이라도 숨이 끊어질 것 같았다. 선착장 근처에는 병원이 없기 때문에 그 사람을 도와주자면 한참을 돌아가야 하고, 병원에 갔다가 가면 배가 떠나게 될 테고, 김씨 아저씨는 어떻게 해야 좋을지 망설이게 되었다.

지 선생님은 예화를 열심히 살펴본 아이들에게 아래와 같은 질문들을 던졌다.

"김씨 아저씨는 무엇을 망설이고 있나요?"

"배에 짐을 싣지 못하면 김씨 아저씨는 어떤 손해를 보게 되나요?"

"김씨 아저씨가 그냥 지나친다면 교통사고 환자는 정말 죽게 될까요?"

"김씨 아저씨는 어떻게 해야 할까요? 왜 그럴까요?"

"생명이 위독한 것을 보고 그냥 지나쳤다면 어떤 처벌을 받게 될까요?"

에덴반 아이들은 지 선생님의 질문에 대해 자기 나름대로의 생각을 발표했다. 그러면서 토의 수업의 주제를 정하기 전에 문제 상황을 파악하는 것을 알게 되었다.

  "선생님, 토의 수업은 어떻게 평가를 하시나요?"

  성적에 관심이 많은 주도학이 질문했다.

  "토의수업을 개선하기 위해서는 무엇보다 토의수업의 효과를 알아보아야 해요. 토의수업의 효과란 토의가 의도한 목표의 실현 정도를 통하여 알아낼 수 있으며, 수업분석표와 같은 체크리스트를 만들어서 확인할 수 있어요. 가장 중요한 것은 토의수업 과정에 대한 철저한 분석과 평가가 이루어져야 한다는 것이지요. 먼저 토의수업의 전개와 평가는 토의활동 참여에 대한 자기 평가가 이루어져야 해요. 토의수업 평가에서는 토의 과정 발언의 활발성 보다는 토의 자체가 문제 해결을 위해 좋은 과정이었는가에 중점을 두고, 학습자 전원이 자신들의 특성을 발휘하면서 토의에 참가하였는가에 대한 자기 평가를 해야 하지요. 그 기준으로는 다음과 같은 것들이 있어요."

- 다른 사람과 이야기할 때 열심히 들었는가?
- 다른 사람이 이야기하는 내용을 얼마나 이해했는가?
- 다른 사람의 이야기가 나에게 어떻게 느껴졌는가?
- 다른 사람의 반응을 얼마나 참고하려고 노력했는가?
- 토의할 때 얼마나 많이 이야기했는가?
- 토의 활동 시 이야기되는 내용에서 해결의 실마리를 찾으려고 노력했는가?

- 다른 사람의 문제를 해결하도록 도와주어야 한다는 책임감을 얼마나 느꼈는가?

"선생님, 토의학습을 할 때 필요한 공부의 요소들에는 어떤 것들이 있습니까?"

진사유가 토의수업에 대해 더욱 깊이 있게 알고 싶다는 듯이 질문을 했다.

"좋아요. 우리 사유가 물어본 것처럼 토의학습을 하는 데 필요한 요소들에는 다음과 같은 것들이 있어요."

지 선생님은 토의학습을 하는데 필요한 요소들을 앞 보드에 적어 가면서 설명해 주었다.

- 창의성 : 자료의 다양성, 자신 있는 제안, 독창적인 아이디어
- 협동성 : 타인 의견 존중, 청취하는 자세, 감정 조절력
- 표현력 : 의견 발표의 논리성, 의사 전달의 명확성, 음성의 속도, 설득력
- 연구성 : 문제 해결력, 자료의 풍부성, 자료의 명확성, 지식의 강도
- 태도 : 발언 시간, 진지성, 전체 인상, 몸가짐, 열의

"토의수업을 하고 나면 여러분들에게 어떤 점들이 좋아질까요?"

토의학습의 요소들에 대한 설명을 끝낸 후 지 선생님은 아이들에게 토의수업을 하고서 좋아지는 점들에 대해서 질문을 했다.

"토의수업은 토의 발표를 통해 자기 문제의식이 자라나고, 다른 사람들의 의견을 존중하는 힘이 커진다고 생각합니다."

최신중이 대답했다.

"그리고 또 다른 점들은 어떤 것들이 있을까요?"

"결정된 사항들을 지키려는 태도와 민주시민으로서 중요한 기능을 길러준다고 생각합니다."

토의학습에 깊이 빠져있는 정토론이 자신 있는 말투로 대답했다.

"이렇게 해서 우리들이 토의학습을 어떻게 해야 하고 토의학습을 하고 난후 어떤 점들이 좋아지는 지에 대하여 알아보았어요. 재미있었어요?"

지 선생님의 마지막 정리발언이 끝나자마자 끝나는 시각을 알리는 음악이 록산초교에 경쾌하게 울려 퍼졌다.

06 도덕·국어·사회과 디베이트 학습

◉ 세상의 다양한 분야에 걸친 논제들을 가지고 찬성과 반대로 나누어서 토론하다 보면 현상을 360°로 바라보는 지혜로운 눈을 가지게 된다.

6학년이 시작된 3월 2일 이후로 거의 매일 점심시간마다 4학년 아이들 두서너 명씩 에덴반의 지 선생님을 찾아오곤 했다. 작년에 지유엄 선생님이 3학년 4반을 담임했고 그 때의 제자들이 지 선생님의 정이 그리워서 찾아오곤 했던 것이다. 에덴반 아이들은 처음에는 잘 몰랐지만 4학년 동생들이 이구동성으로 지 선생님에게 물어 보는 것이 있었다. 그것은 6학년 선배들도 디베이트 학습을 시작했느냐는 것이다. 3월 4일 금요일 점심식사를 한 후 운동장 놀이를 하려고 교실 밖으로 나가려던 순간 토론 공부에 남다른 관심을 가진 정토론과 구성주에게 귀를

쫑긋하게 하는 말이 들려왔다.

"선생님, 저는 디베이트 학습이 너무 하고 싶어서 어떻게 하면 좋을지 모르겠어요."

3학년 2학기 때 회장을 했으며 매우 차분하고 똑똑한 우수한이라는 여자 아이였다. 나중에 지 선생님이 그 아이의 디베이트 학습지와 자료들이 들어 있는 파일을 보여주셨는데 모두 3개나 되었다.

정토론과 구성주는 순간 고개가 갸우뚱해졌다. 어리다고 생각되는 3학년 아이들이 디베이트 학습을 얼마나 여러 번 했기에 파일이 A4 크기의 40매 짜리 파일이 3개씩이나 되었는지 궁금했다. 작년 5학년 때에 정토론네 반은 디베이트 수업을 적어도 6번 이상 해 보았지만 구성주네 반은 기껏해야 두 번 정도 해 본 것으로 전부였다. 뿐만 아니라 에덴반 아이들 중 거의 절반 정도의 아이들은 디베이트 학습을 즐기지 못했다. 축구를 하기 위해 운동장으로 나가면서 정토론과 구성주의 대화는 계속되었다. 이야기를 나누던 중 정토론은 작년 5학년 4월 중순경에 록산초교 중강당에서 3학년 동생들이 3학년부터 6학년까지 5개 반의 학생들과 담임선생님들을 초대해서 디베이트 공개수업을 보여주었던 광경이 갑자기 머리를 스치고 지나갔다.

"야, 성주야. 우리 반이 작년에 지 선생님이 담임 하셨던 3학년 4반의 디베이트 공개수업을 참관했던 기억이 난다."

"지 선생님이 디베이트 수업을 아무리 지도를 잘 하신다고 하더라도 디베이트 수업을 3학년 동생들이 하기에는 좀 무리가 아닐까?"

구성주가 정토론의 말을 믿지 못하겠다는 듯이 정토론에게 물었다.

"나도 중강당에 들어가기 전까지는 그렇게 생각했었는데 막상 동생들이 공개수업을 하는 모습을 보고나서 생각이 바뀌었어. 우리들과 함께 참관했었던 우리 반 담임이셨던 성심의 선생님께서도 깜짝 놀라셔서 3학년 동생들에게 격려와 칭찬을 아끼지 않으셨던 것으로 기억이 되는데."

정토론은 자기의 말을 믿지 못하고 있는 구성주에게 작년에 있었던 3학년 동생들의 공개수업에 대해 구체적인 실례를 들어가면서 이해를 시켰다.

"그래도 3학년 동생들은 자기들이 써 온 자료들을 읽는 수준이 아니었을까? 특히 이해가 잘 안 되는 것은 반론단계에서 상대측의 질문에 제대로 받아 쳤는가에 대한 거야."

정토론의 계속된 설득에도 믿기지 않는다는 듯이 구성주는 계속해서 작년에 있었다는 3학년 동생들의 디베이트 공개수업에 대해서 반대의 견을 제기했다.

"귀여운 동생들이 사진이나 그림 자료들을 이용해서 자기가 주장하고자 하는 의견의 근거로도 활용할 줄도 알고 반론단계에서도 자기들 나름대로 잘 들으면서 질문하고 답변도 잘하고 그러더라고. 하여튼 디베이트 수업에 즐겁게 참여하는 것이 인상적이었어."

정토론과 구성주는 4층에서 1층 계단으로 내려오면서 내일 국어시간에 디베이트 수업에 대하여 지 선생님께 여쭈어보기로 하고 운동장과 맞닿아 있는 남쪽 현관을 나섰다.

녹색 인조 잔디운동장과 따스한 봄 햇볕이 진지하게 대화를 나누며 다가오는 두 친구들을 불러서 안아주는 듯했다.

이튿날 6학년이 되어 첫 번째로 맞이하는 토요일이었다. 에덴반 아이들은 1교시에 도덕공부를 한 뒤에 2교시에는 선배들이 했던 디베이트 수업 동영상을 보게 되었다. 지 선생님은 40분짜리 디베이트 수업 동영상을 14분으로 중요 단계별로 편집된 것을 보여주었다. 동영상을 시청한 다음 디베이트 학습에 관련된 프린트물을 나누어 주었다. 그 프린트물은 A4 용지 두 장 분량으로 디베이트 학습에 대하여 개략적인 설명이 들어있었다. 작년에 디베이트 학습을 해 본 경험이 있는 아이들이 있다는 것을 알고 있었던 지 선생님이 에덴반 아이들에게 질문을 하면서 프린트물에 있는 것들에 대하여 설명을 시작했다.

"디베이트 학습이 어떤 것이지요?"

"정해진 토론주제인 논제에 대하여 찬성측과 반대측, 판정인으로 나누어서 입론, 반론, 최종변론의 단계를 거치면서 그 입장에서 의견을 펼치고 난 뒤 판정인의 판정결과와 베스트 디베이터를 뽑는 공부 방법을 말합니다."

5학년 때 디베이트 수업을 잘 해서 그 학급의 대표로 사진과 디베이트 학습에 대한 소감이 센터신문에도 실렸던 경험을 가지고 있는 나직설이 대답했다.

"그럼 혹시 디베이트 학습을 우리말로 무엇이라고 하는지 알고 있나요?"

"아까 직설이가 발표한 것처럼 찬성과 반대로 나누어서 토론을 한다고 해서 찬반대립토론 학습이라고 알고 있습니다."

진사유가 약간 더듬거리면서 말을 이어갔다.

"맞아요, 다함께 말해봅시다."

"찬반대립토론 학습입니다."

"그러면 디베이트 학습을 어떻게 시작할까요?"

"먼저 토론주제인 논제를 정해야 된다고 생각합니다."

시사상식이 풍부하고 여러 가지 입장에서 생각을 많이 하는 정토론이 대답했다.

"논제는 일정 분야로 종류를 나누어 볼 수 있을까요? 논제에는 분야가 있다고 생각하는 사람?, 아니면 분야가 없다고 생각하는 사람?"

28명의 에덴반 아이들 중에서 3명을 제외한 25명의 아이들이 논제의 분야가 있어서 종류를 나누어 볼 수 있을 것 같다고 대답했다. 이들 중에는 지 선생님이 나누어준 프린트물을 보고 대답하는 아이들도 있었다. 지 선생님은 프린트물에 있는 논제의 종류들에 대해 앞 보드에 적어가면서 설명을 시작했다.

"먼저 디베이트 논제의 종류 중 첫 번째로 정책논제가 있어요. 정책논제는 사실과 가치판단에 기초하여 행동의 변화를 추구하는 것을 대상으로 하는 것으로서 주로 새로운 정책을 계획하는 단계에서 '어떤 것에 대하여 ~을 할 것인가?' 또는 '~을 하지 말 것인가?'를 묻는 형태의 논제를 말하지요? 이러한 정책논제의 예를 들어 볼까요?"

"제 생각에는 '초등학생들에게 휴대폰을 학교에 가지고 오게 해도 된다.' 와 같은 것이 정책논제가 될 것이라고 생각합니다."

반짝거리는 눈을 가지고 지 선생님의 설명을 열심히 듣고 있던 최신중이 말했다.

"신중이가 예를 든 것은 아주 좋은 정책 논제에 해당하는 것이에요. 또 다른 정책 논제의 예를 들어 볼까요?"

"선생님, 저희 가족은 경기도 가평에 있는 남이섬에 일 년에 4번 정도 찾아가는 데요. 지금은 약 100 여 명씩 배로 이동하지만 그 곳에 다리를 건설하는 것도 생각할 문제라고 생각하는 데 그러한 내용도 정책논제가 될까요?"

부모님과 여행을 많이 다니는 허시원이 발표했다.

"시원이가 매우 중요한 이야기를 해 주었어요. 정책논제를 이해하는 데 큰 도움을 주는 내용이에요. 그러한 경우에는 '경기도 가평의 남이섬으로 가는 다리를 놓아야 한다' 와 같은 논제를 만들면 좋아요."

"선생님, 그런데 신중이와 시원이가 말한 정책논제들을 가지고 디베이트 수업을 할 경우에 어떤 점들을 가지고 토론을 하게 되나요?"

정토론이 디베이트 수업에 대하여 구체적으로 질문했다.

"역시 정토론답게 좋은 질문을 했어요."

정책논제를 가지고 디베이트 수업을 하는 방법이 매우 여러 가지인데 초등학교 6학년 아이들에게 어떻게 하면 쉽고 알차게 전달해야 하는지 지유엄 선생님은 순간적으로 갈등이 생겼다. 하지만 가능한 꼭 필요한 내용을 알려주고 아이들이 질문을 하면 좀 더 구체적으로 이해시켜 주기로 다짐하고 설명을 계속했다.

"정책논제에서 꼭 다루어야 하는 것들은 크게 나누면 세 가지가 있어요. 첫째, 정책도입의 배경이지요. 정책을 실시해야 하는 이유나 배경, 역사 등에 대해 조사하여 발표하는 것이지요. 둘째, 논제에서 이야기하고 있는 용어의 정확한 뜻인 개념을 바르게 정의하는 것이에요. 정책의 정확한 개념이나 의미, 적용 대상과 범위 등을 확립하는 것을 말해요. 셋째로 그러한 정책이 미치는 영향이지요. 정책이 미치는 긍정적인 영향과 부정적인 영향 등을 제시하는 것이지요."

"선생님, 시원이와 신중이가 말한 것 이외에도 또 어떤 것들이 정책논제가 될 수 있는지 두 개 정도만 더 예를 들어 주시면 저희들도 정책논제를 이해하는 데 크게 도움이 될 것 같습니다."

표정이 잘 변하지 않고 늘 진지한 주도학이 물었다.

"좋아요. 정책논제의 또 다른 예로서 '북한에 쌀과 비료를 지원해야 한다' 라든지 '일본은 강제로 빼앗아간 우리나라의 유물을 돌려주어야 한다' 와 같은 논제가 있겠어요."

"선생님, 정책논제를 가지고 디베이트 수업을 할 때 찬성측은 그러한 정책을 추진해야 하는 입장에서 다양한 근거와 의견들을 발표할 텐데 반대측에서는 어떻게 반박을 할 수 있는지 설명해 주시면 감사하겠습니다."

돗수가 높은 검정색 안경테를 쓰고 있어서 고지식한 옛날 훈장님처럼 보이는 진사유가 물었다.

"야, 우리 사유가 질문한 내용에 선생님도 약간 당황되는 데. 그렇지만 아주 핵심적이고 수준 높은 질문이에요. 찬성측이 주장하는 정책에 대하여 반대측은 크게 세 가지 논점을 가지고 반박할 수 있어요. 그것의 중심기준은 필요성, 현실성, 이익으로 나누어서 설명 할 수 있지요. 첫 번째로 정책을 세울 때에는 그 정책이 '꼭 필요한가?'를 먼저 고려해 봐야 해요. 이러한 정책의 필요성을 논리적으로 주장하려면 반대로 이러한 정책이 실행되지 않아서 해를 입고 있는 긴박한 문제의 경우를 생각해서 이야기 하면 쉬워요. 예를 들면 '우리나라의 4대강 유역을 개발해야 한다.'라는 논제에 대하여 찬성측은 4대강을 개발함으로써 생겨나는 경제적 이득은 지역주민들의 경제적인 풍요만을 위해서 쓰여질 것이 아니라 4대강의 생태계가 개발 이전과 동등하게 유지되고 이러한 생태계

보전을 통해 오히려 인간의 생명까지도 연계되기 때문에 더욱 개발의 필요성이 증대된다고 강조하면 돼요. 이에 대하여 반대측에서는 4대강 유역을 개발하는 과정이나 공사가 끝난 후에도 지속적으로 강 유역에 수천년동안 형성된 생태계를 파괴하게 된다고 주장하면서 정책실현의 결과에 대하여 강한 의심과 비판을 하게 되면 아주 잘 하는 것이지요."

"선생님, 정책논제 중 꼭 필요한 내용의 두 번째 것으로는 어떤 것들이 있나요?"

꼼꼼하기도 하고 다소 소심한 최신중이 물었다.

정책논제의 필수 쟁점 중 첫째인 필요성을 장황하게 설명하고 있었던 지 선생님은 잠깐 잊고 있었던 것을 최신중에게 들킨 것 같았다.

"선생님이 이야기를 하려고 하는 것에서 벗어난 이야기를 할 뻔 했는데 신중이가 확인해 주었어요."

지 선생님은 첫 번째에 이어서 둘째와 셋째의 이야기를 이어갔다.

"두 번째로 어떠한 정책이 매우 필요하다고 할지라도 '현실성'이 없으면 의미가 없어요. 정책을 찬성하는 측에서는 자신들이 주장하는 정책이 실현가능하다는 것을 설득하는 것이 가장 큰 임무이지요. 어떻게 하면 현실성이 있다는 것을 알 수 있을까요?"

에덴반 아이들은 한참 동안 골똘히 생각에 잠겨있었다. 아이들은 어려운 질문에 잘 대답하는 오직신을 바라보았다. 역시 오직신이 손을 들었다.

"찍신이 강림하셨나? 그래, 오직신 발표해 봐요."

"저희들이 영어시간에 시제를 배웠습니다. 어떠한 정책이라도 '타이밍'이 매우 중요하다고 생각됩니다. 현 시점에서 과연 그러한 정책이 실현되어야 하는지 고려해 봐야 한다는 것입니다."

까불까불하지만 얼마나 똑똑하게 발표를 잘 하는지 에덴반 친구들은 오직신이가 진짜로 동일인인지 헷갈릴 때가 많았다.

"좋아요. 그러면 정책논제를 가지고 토론을 할 때 세 번째로 살펴보아야 하는 내용에 대하여 아는 사람 있어요?"

"예, 제가 생각하기에 '필요는 발명의 어머니'라는 말이 있듯이 정책을 실시했을 때 어떠한 이익이 있어야 가능하다고 생각합니다."

깊은 생각에 잠겨있었던 주도학이 말했다.

"도학아, 네가 발표한 내용에 해당하는 예를 들어서 설명해 볼 수 있겠니?"

에덴반 아이들은 도학이가 과연 지 선생님의 질문에 어떻게 대답을 할지 초미의 관심사가 되어 모두들 긴장하고 있었다.

"제가 알기에 북한은 식량부족이 매우 심각한 수준에 있다고 하는데요. 북한의 빈곤을 구제하기 위해서 비료나 식량을 한 번에 많이 지원해 준다고 하는 정책은 북한 가난의 원인인 기술 및 교육의 부족이나 체제의 문제를 함께 해결할 수 없기 때문에 비현실적인 정책이라고 할 수도 있다고 생각합니다."

주도학은 지 선생님의 질문에 적절하게 대답함으로써 에덴반 친구들의 바람을 저버리지 않았다.

"선생님, 현재 북한에 강력한 태풍으로 농작물들이 크게 피해를 입었는데 태풍방지용 농법을 북한 농부들에게 가르쳐야 한다는 것은 현재 일어난 절박한 기근을 해결하지 못하기 때문에 필요한 것은 농법이 아니라 식량지원이 먼저라고 생각합니다."

주도학이와 단짝 친구이자 에덴반 여자아이들 중 도학이와 실력이 비슷하나 성격이 전혀 딴판인 나직설이 주도학 의견의 반대 입장에서 발표를 했다.

"도학이와 직설이가 발표한 것처럼 현실성은 정책을 세워서 실행할 당시의 상황에 얼마나 이익이 되는 가에 초점을 맞추어서 살펴보아야 하겠어요."

지유엄 선생님은 에덴반 아이들과 정책논제의 쟁점이 되는 세 가지인 '정책의 필요성, 현실성, 이익'을 칠판에 적어서 다시 한 번 확인시켰다.

지 선생님의 정책논제에 대한 설명을 듣고 나서도 불만이 있는 것 같은 표정으로 정토론이 손을 들었다.

"선생님, 디베이트 학습에서는 논제를 어떻게 만드는 지 그 방법에 대해서 설명해 주셨으면 합니다."

에덴반 아이들이 여기저기에서 논제 정하는 기준을 설명해 주었으면 좋겠다는 말들을 하고 있었다.

"토론이와 에덴반 친구들 모두가 디베이트 학습을 할 때 논제가 얼마나 중요한지 잘 알고 있어서 기뻐요. 논제를 정하는 기준은 크게 보면 다섯 가지로 나누어서 설명할 수 있어요. 앞 보드에 쓰면서 하나씩 설명해 줄게요."

지 선생님은 논제의 구성 기준에 대해서 교실 앞 보드에 써 가면서 설명을 시작했다.

"첫째, 논제는 논쟁성을 지녀야 해요. 논쟁성이란 다툴 거리를 말하지요. 예를 들면 '초등학교에서 수학경시대회는 필요하다'와 같은 논제가 이에 해당해요. 만약 '자녀들은 부모님의 말씀에 순종해야 된다'와 같은 논제는 당연한 것이기 때문에 논제가 될 수 없지요. 둘째, 찬성측이 바라는 긍정적 진술로 이루어져야 해요. 만약 '공립학교에서의 교복을 폐지하지 말아야 한다'라는 논제가 있을 때 디베이트를 한참동안 하다보면 찬성측에서 교복을 폐지해야 하는지, 반대측에서 폐지해야 하는지 헷갈리게 돼요. 이럴 때에는 '공립학교에서는 교복을 입어야 한다.'라는 논제가 어울리지요. 셋째, 학생들에게 관심이 있는 논제가 좋아요. 그렇게 하기 위해서는 선생님과 함께 학생들이 의논을 하면서 논제를 정하면 좋아요. 넷째, 학생들의 수준에 알맞은 논제가 좋아요. 중학년이면 중학년에 알맞은 논제를, 고학년이면 고학년 수준에 알맞은 논제를 정해서 디베이트 학습을 해야 재미있고 지루하지 않게 되지요. 다섯째, 학습 자료가 풍부한 논제여야 해요. 아무리 좋은 논제일지라도 인터넷이나 각종 서적, 신문 등에서 쉽게 자료를 찾을 수 있어야 깊이 있고 폭넓은 디베이트 학습이 이루어지게 되지요."

에덴반 아이들은 디베이트 논제의 구성을 어떻게 해야 하는지에 대하여 지 선생님의 설명을 경청했다.

"선생님이 무엇에 대해 이야기 하다가 이렇게 논제의 구성기준으로 빠지게 되었지요?"

운동장 창가 쪽 앞줄에서 두 번째에 앉아있는 고지순이가 손을 번쩍 들었다. 지순이는 에덴반에서 다른 사람들의 말을 가장 정확하게 알아듣고 친구들의 상황을 잘 살피는 아이였다.

"선생님, 아까 디베이트 논제의 종류를 말씀하셨는데 정책논제에 대해서만 설명해 주셨어요."

"역시 지순이 대단해요."

"선생님, 디베이트 논제 중에서 정책논제 외에 또 어떤 논제들이 있나요?"

성격이 활달해서 항상 웃으면서 생활하고 학습계획서도 꼼꼼하게 세우고 에세이도 어느 누구보다도 진지하게 잘 쓰는 한깔깔이 지순이의 말을 받아서 질문했다.

"야, 우리 한깔깔이가 디베이트 학습에 대하여 관심이 많구나. 디베이트의 논제 중에는 정책논제 뿐만 아니라 가치논제와 사실논제가 있어요. 어찌 보면 사춘기에 접어들었거나 앞으로 설명하게 될 여러분들에게 가치논제가 매우 많은 도움이 될 거예요."

"선생님, 저희가 5학년 때 했었던 디베이트 수업의 논제였던 '선의의 거짓말은 필요하다'라는 논제도 가치논제에 해당하는 것인가요?"

디베이트 학습을 할 때 발음을 또박또박하게 되어 노래가사도 정확하게 하게 되었다는 성악가의 꿈을 품고 있는 노지혜가 질문했다.

"그래, 바로 그것도 가치논제에 해당해요. 선생님이 가치논제에 대하여 조금 더 자세하게 설명해 줄게요. 잘 듣고 여러분들의 주변에서 가치논제를 찾아서 만들어 보면 재미있을 거예요."

"선생님, 먼저 가치가 무엇인지 말씀해 주세요."

호기심이 많고 운동도 잘하나 다소 소극적인 오광활이 용기를 내서 질문했다.

"가치란 사람들마다 다르겠지만 '중요하다고 생각하는 것'이나 '사람을 움직이는 힘'이 되는 것을 말해요. 예를 들면 공평한 것이라든지, 건강이나 생명, 사랑, 돈, 참된 우정 등과 같은 것들이 가치에 해당하지요. 어찌 보면 디베이트 학습의 목적 중 가장 중요한 것이 바로 가치탐

구능력을 키워주는 데 있어요."

"소중한 가치는 마음을 움직인다고 책에서 읽었습니다."

에덴반 아이들 중에서 독서를 제일 열심히 하고 있는 계푸른이 말했다.

"그래요. 푸른이가 말한 것처럼 소중한 가치이든 나쁜 가치이든 가치가 우리들의 마음을 움직이지요. 좋은 가치를 가지고 생활하면 참된 마음을 가지고 생활하게 되어 멋진 인생이 되겠지요?"

"예"

진지하고 나지막하게 들려준 지유엄 선생님의 설명에 에덴반 아이들의 마음이 움직이는 것 같았고 대답소리에는 어떤 다짐과 결의가 있어 보였다. 지 선생님은 말을 계속 이어갔다.

"디베이트 학습의 가치논제는 자신의 가치판단 즉, 자기가 중요하다고 여기는 가치를 살펴보는 것을 말해요. 예를 들면 '초등학생들이 조기유학을 가는 것은 바람직하다.'라는 것과 같이 옳고 그름이나 가치가 있는지의 여부를 묻는 것을 말하지요."

"선생님, 그러면 가치논제를 가지고 디베이트를 하다보면 이제까지 저희들이 가지고 있었던 신념들 중에서 올바른 것들은 더욱 다지게 되고 틀린 것들은 고쳐서 소위 바른 생활 아이가 되겠네요."

에덴반 아이들 중에서 늘 바른말, 고운말만하고 수시로 책을 열심히 읽고 있는 고지순이 다소 높은 톤으로 또박또박 말했다.

"가치논제를 가지고 디베이트 학습을 할 때 여러분들이 노력해야 할 점들을 크게 세 가지로 요약해 볼 수 있어요. 첫째, 개념을 정의해야 해요. 논제에서 다루는 용어의 개념과 범위를 명확하게 정의해야 한다는 것이지요. 둘째, 가치관의 차이를 드러내야 해요. 다툴거리가 가지고 있는 가치관의 차이를 드러낼 수 있어야 한다는 것이지요. 셋째, 가치 판단의 기준이에요. 어떤 관점에서 볼 것인가 하는 판단 기준을 다루어야 한다는 이야기지요."

"선생님, 가치논제의 예를 몇 개만 들어 주시면 감사하겠습니다."

에덴반 축구의 황제 이지성이가 질문을 던졌다.

"가치논제의 예들은 매우 많아요. 그 예들을 다섯 가지만 들어 줄게요. 첫째, 어느 누구나 디베이트 학습을 하기에 재미있고 쉬운 것이지요. '동물원의 원숭이가 야생의 원숭이보다 더 행복하다.' 라든지 '과학기술 발달은 인간을 행복하게 만들었다.' 또는 '발렌타인데이와 같은 기념일은 학생들에게 필요하다.' 그리고 '초등학생들에게 학원수강이나 과외 공부는 필요하다.'와 같은 논제가 바로 가치논제이지요. 그런데 정책이라는 용어가 들어가 있어도 가치논제가 되는 경우도 있어요. 예를 들면 '흥선대원군의 쇄국정책은 잘 펼친 것이다.'라는 논제가 그에 해당하지요."

"선생님, 디베이트 논제에는 정책논제와 가치논제 이외에 또 다른 논제의 종류는 없나요?"

평소에 집중을 제대로 하지 않다가 디베이트 학습에 대한 설명이 재미있었는지 지 선생님의 설명을 열심히 경청하던 허시원이 물었다.

"시원이가 적절한 질문을 해 주었어요. 아까 잠깐 이야기를 했는데 디베이트 학습의 또 다른 논제로는 사실논제가 있어요. 사실논제는 토론과정에서 다소 복잡한 인과 관계를 전문가의 증언과 과학적 실험결과 등을 동원해야 하는 것으로서 너무도 많은 정보와 사실여부를 확인해야 하고 다양한 사실들을 통해서 일반적인 진실을 확인하는 귀납적인 추론을 많이 해야 하기 때문에 교육토론으로 어려움이 많은 것이지요. 하지만 초등학교 고학년 이상에서는 해볼 만한 논제들도 있어요. 예를 들면 'UFO는 존재한다.' 라든지 '조기영어 교육은 모국어 습득에 방해가 된다.' 와 같은 것들이 있지요. 사실논제를 제시할 때에는 최소한 일주일 전에 논제를 제시하여 학생들로 하여금 자료들을 찾아서 토론을 준비할 수 있는 시간적 여유를 주면 좋아요. 왜냐하면 사실논제에 대하여 찬성측과 반대측에서 의견을 주장하려면 뒷받침할 수 있는 자료들이 필요한데 즉석에서 자료를 제시할 수 없고 또 제시할 수 있다고 해도 자신들의 상상력에 의한 것이기 때문에 자료로서의 신뢰도나 타당도가 떨어지는 것들이 많기 때문이지요."

"선생님, 논제에 대하여 찬성측과 반대측, 판정인은 어떻게 나누나요?"

에덴반 아이들은 지 선생님으로부터 논제의 구성기준과 논제의 종류에 대하여 설명을 듣고 나서 이제 실제로 디베이트 수업을 어떻게 해야 하는지에 대한 질문이 생겼다. 28명의 아이들 중에서 20여명이 손을 들었다.

지 선생님은 바이올린 연주 솜씨가 뛰어나 록산 콩쿠르에서 대상을 석권한 경험이 있고 성격이 매우 활달하며 예절이 매우 바른 채선율이를 지목했다.

"선생님, 논제에 대하여 찬성측과 반대측, 판정인은 어떻게 나누나요?"

지 선생님은 기다리고 있었던 질문을 선율이가 해 주어서인지 매우 고마운 듯한 표정을 짓고 이야기를 이어갔다.

"기다리고 있었던 질문이에요. 논제에 대하여 판정인을 서로 하겠다고 해요. 판정인은 3명 정도가 좋은데 선생님이 정해 주고 나머지 찬성측과 반대측은 자기가 의견과 근거를 잘 제시할 수 있는 아이들을 정해 주면 되지요."

"선생님, 제가 5학년 때 디베이트 수업을 해 보았는데 5학년 선생님께서 자기가 하고 싶은 측에서 해보라는 말씀으로 찬성측과 반대측 중 어느 한쪽으로 아이들이 많이 몰려서 재미없었고 힘들어 했던 경험이 있습니다."

인상을 찌푸리고 있었던 위신경이 발표했다.

"야, 신경이가 매우 중요한 내용을 이야기 했어요. 디베이트 학습이 성공하려면 자기가 하고 싶은 측에서 주장을 하고 싶더라도 때로는 자기가 꼭 하고 싶지 않은 입장에서 자료를 조사하고 의견을 발표하는 것이 절실하게 필요한 것이지요. 디베이트 대회에서는 논제를 알려주고 찬성측과 반대측은 동전을 던져서 정하는 규칙이 있어요."

성악을 잘하고 같은 또래의 아이들보다 정신연령이 높은 노지혜가 엷은 미소를 띠며 이야기를 했다.

"디베이트 학습은 자기측의 입장만을 알아서는 상대측이 질문을 했을 때 정확하게 대답을 할 수 없기 때문에 양쪽의 입장을 골고루 알고 있어야 제대로 된 토론이 될 수 있을 것 같아요."

"야, 노지혜 훌륭한데~"

"바로 그것이에요. 법정에서 판사나 변호사, 검사 등은 가장 어렵다는 사법시험을 통과하거나 로스쿨을 졸업하고 변호사시험에 합격한 사람들인데 자신이 죄를 짓거나 억울한 사정이 있어서가 아니라 피고나

원고의 입장에서 변론을 하거나 판결을 하기 때문에 베스트 디베이터라고 봐도 무방하지요. 따라서 학력이 높은 친구들 일수록 자신이 생각한 입장과 다른 입장에서 주장할 수 있어야 디베이트 학습이 성공할 수 있어요."

지유엄 선생님은 공부를 잘하거나 책을 많이 읽어서 학력이 우수한 아이들을 손가락으로 지적해 가면서 매우 엄격한 표정으로 설명을 해 주었다. 아이들은 디베이트 학습을 함에 있어서 가장 중요한 찬성측과 반대측을 정하는 데 기준이 있다는 지 선생님의 설명에 마음 깊이 공감했다.

지유엄 선생님은 굳어진 얼굴을 부드럽게 풀고 나서 칠판에 우드락으로 디베이트 학습의 순서도를 붙였다. 그 순서도에는 각 단계별 시간과 활동 내용들이 적혀있었다. 뿐만 아니라 각 단계마다 공격을 해야 하거나 방어를 해야 하는 팀명이 자세하게 설명되어 있었다. 특히 주도적으로 참여하는 측이 소개되어 있어서 인상적이었다. 에덴반 아이들은 앞 보드에 부착되어 있는 디베이트 학습 순서도를 매우 유심히 살펴보았다. 어떤 아이들은 제대로 이해하기 어려운 것들을 찾아서 앞으로 질문할 내용들을 메모하기도 했고 짝에게 물어보기도 했다.

"오늘 선생님이 디베이트 학습에 대한 설명이 끝나면 다음 주 월요일까지 자기가 좋아하는 곡에 가사를 만들어서 불어 보도록 해요. 물론 친구들과 함께 해도 좋아요. 제일 잘 된 노래를 뽑아서 앞으로 일 년 동안 우리 반의 디베이트 노래로 삼을까 해요."

"선생님, 유행가나 동요, 광고 음악 등을 이용해도 괜찮나요?"

수업의 단계	참여자 (주도권자)	시간	학습 내용 및 유의점
마음열기, 토론준비	지도교사	5분	논제와 관련하여 자유발언을 유도하고, 학습목표와 문제를 확인, 토론의 규칙 발표, 팀 구성, 조장 인사말
입론 (주장 펼치기)	찬 성 측	5분	입론을 미리 써오도록 하는 것이 좋고, 다양한 자료를 제시하며 주장하기.
	반 대 측	5분	
협의 (작전타임)	양 팀	1분	반론펴기의 목록 작성, 조장이 주도함.
1차 반론 (반론펴기)	반 대 측	2분	질문 없이 상대팀의 입론에서 발견되는 오류를 지적하는데 주력함.
	찬 성 측	2분	
협의 (작전타임)	양 팀	1분	반론펴기의 내용을 듣고 반론꺾기의 목록 작성.
2차 반론 (반론꺾기)	찬 성 측	3분	입론과 반론펴기에서 발견되는 모순과 불명확한 점에 대해 상대측을 심문함. 준비한 자료는 반복하여 제시해도 됨.
	반 대 측	3분	
협의 (작전타임)	양 팀	1분	반론을 통해 검증된 결과를 중심으로 상대의 모순을 부각시키고, 자신의 합리성을 강조하여 최종변론을 재구성함. 모순이 드러난 자신의 주장이나 근거자료는 과감히 버림.
최종변론 (주장 다지기)	반 대 측	3분	반론 내용을 반드시 반영하여야 하고, 체계의 일관성을 유지하면서 팀원이 나누어 발표함.
	찬 성 측	3분	
베스트 디베이터 및 판정결과 발표	판정인	2분	판정인들이 나누어서 발표
감상문 쓰기	지도교사	4분	느낀 점이나 새롭게 알게 된 점 기록
계		40분	

앞으로 가수가 꿈이고 콩쿠르에서 성악분야 대상을 수상한 경험이 있는 오광활이 물었다.

"광활이의 얼굴에 자신감이 넘치네. 그럼, 아주 좋아요. 하지만 디베이트 학습의 요소가 많이 들어갈수록 뽑힐 확률이 높아지는 것이지요. 여러분 선배들이 했던 디베이트 노래가 있는 데 여기에 있는 가사에 맞추어서 불러줄까요?"

지 선생님은 연두색 바탕에 노래 제목과 작사한 아이의 이름이 적혀있는 우드락을 칠판에 붙여놓고 디베이트 노래를 불러주었다. 곡은 'B 아이스콘' 광고의 노래였다.

이예은이라는 아이가 3년 전 '디베이트 노래 공모'에 당선된 다음 지 선생님이 시키지도 않았는데 집에서 노래 가사를 우드락에 붙여 와서 지금까지 후배들도 잘 사용하고 있었다. 예은이가 작사한 노래의 가사에는 디베이트 학습을 통해 발전하고 있는 핵심적인 내용들이 들어 있었다. 디베이트 학습을 시작하기 전 분위기 조성을 할 때 이 노래를 부르면서 아이들은 스스로와 팀원들 전체가 흥을 돋우는 계기가 되게 해 주었다.

디베이트 노래

작사 이예은

친구의견 잘 들어요. 디베이트!

비판적 사고 ~ 력 발 ~ 표력

가치판단 ~ 길러주는 ~

창의적 문제해 ~결 디베이트!

지 선생님이 노래를 부르자 아이들은 환호성과 함께 오랫동안 박수갈채를 보내주었다. 지 선생님은 이어서 이야기를 이어갔다.

"그래서 디베이트 수업을 시작하기 전에 꼭 디베이트 노래를 부르도록 하고 있어서 찬성측과 반대측, 판정인의 순으로 모둠장 인사말을 할 거예요."

지유엄 선생님은 정토론에게 질문을 했다.

"토론아, 네 생각에 디베이트 학습은 어떻게 진행될 것 같니?"

"예, 5학년 때 해 본 경험으로는 입론과 반론, 그리고 최종변론, 베스트 디베이터 및 판정결과 발표의 순으로 진행된다고 생각합니다."

정토론은 디베이트 학습을 많이 접해본 경험을 통해서 순서를 발표했다.

"입론 단계에서는 각 팀에게 주어진 시간이 5분, 300초씩 이지요. 찬성측부터 발표를 하고 이어서 반대측부터 하게 되는 데 모둠장은 논제에 대한 자기 팀의 주장을 전체 아이들이 발표할 수 있도록 입론 준비표를 만들어서 20초 내외로 하고 자료도 준비했으면 좋겠어요. 그렇게 되면 발표 순서에 따라 모든 아이들이 즐겁게 참여할 수 있지요. 입론은 그 논제에 대한 각 팀들의 의견과 근거를 제시하는 단계이에요.

입론에서 주장해야 할 것은 첫째, 역사적 배경인데, 역사적 배경이란 논제가 생성된 맥락과 논제에 대한 이해 정도를 말해요. 입론을 작성할 때에는 간략하게 하는 것이 좋아요. 하지만 디베이트 대회 때에는 사회자가 양측의 역사적 배경을 대신하여 읽어주는 경우도 있어요. 교실 상황에서는 생략하는 경우가 있는 데, 이는 논제를 만드는 과정에서 전체 아동이 직접 참여하여 활동을 하였기 때문이에요.

둘째로 용어의 정의인데, 용어의 정의는 토론이 겉돌지 않도록 하는 장치중의 하나이지요. 그 일례로 '초등학생의 한자경시대회는 권장되어야 한다'라는 논제에 대하여 찬성측에서는 '초등학생'을 '원하는 초등학생'이라는 정의로써 토론을 풀어나가고, 반대측에서는 '모든 초등학생'이라는 정의로써 토론을 풀어나간다고 예를 들어 봐요. 이럴 때에는 서로 반박을 할 수도 없고 반박 당하지도 않아요. 아무런 발전을 하지 못하고 토론은 헛수고가 되고 말지요. 따라서 학급에서 논제에 대한 정의에 대해서는 서로 간에 합의하에 이루어지는 것이 좋아요. 그 밖에 모호성의 오류를 범할 가능성이 있거나 어려운 용어는 발표하는 측에서 정의를 내리고 사용해야 하지요.

셋째로 의견에 대한 근거인데, 근거란 주장을 뒷받침할 수 있는 타당한 이유를 말해요. 따라서 논제와 근거 사이는 밀접한 논리성이 확보되어야 해요. 그렇지 않으면 오류를 범하게 될 수도 있기 때문이지요.

근거는 가짓수가 많다고 좋은 것은 아니에요. 시간이 제한되어 있기도 하지만, 쟁점을 만들지 못하는 근거는 토론을 무의미하게 만들 수도 있기 때문이지요. 또한 가짓수가 여러 가지인 경우에는 더 큰 범주로 개념들을 묶어서 상위의 개념으로 추상화된 근거를 제시하는 것이 효과적이에요. 예를 들어 '다세대주택에서의 애완견 사육을 허용해야 한다.'라는 논제에 대하여 살펴보기로 해요. 반대 근거로 '첫째, 소음공해에 시달립니다. 둘째, 나쁜 냄새에 시달립니다. 셋째, 오물로 지저분해집니다. 넷째, 알레르기가 생깁니다'라고 했다고 해 봐요. 모두 네 가지나 되는 근거를 제시했지만, 결국 오염과 공해라는 근거로 압축될 수 있어요. 정보의 양이라는 판정기준에 의하면 그다지 많은 점수를 얻지 못하게 되는 것이지요.

　에덴반 아이들은 재미도 있지만 몹시 지루한 듯 몸을 비비꼬고 있는 아이들이 하나 둘씩 늘어갔다. 지 선생님은 아이들에게 조금만 참고 이해하면 모두가 만족할 만한 디베이트 수업을 해낼 수 있을 것이라는 말을 하고 이야기를 계속했다.

"어떤 이유가 더 좋은 이유인가를 판정할 수 있는 방법 중의 하나는 그 이유에 대한 상대방의 반론꺾기가 어려운가 혹은 쉬운가를 보고 판정하는 방법일 거예요. 각 토론자가 제시한 이유를 상대방이 꺾지 못하거나 딴소리를 해서 사실상 피해가면, 반론에 강한 이유일 것이 되지요. 그렇지 않고 상대방이 타당한 반론을 쉽게 펼 수 있는 이유이면 반론에 약한 이유라고 할 수 있지요."

　넷째로 설명인데, 토론은 상대측과 싸우는 것인 동시에 결국은 심사자인 판정인을 설득시키는 것을 목표로 한다고 할 수도 있어요. 따라서 아무리 타당한 근거를 제시했다고 하더라도 미흡할 수 있어요. 반드시 근거가 타당하다는 설명을 해야 하지요. 설명에 해당하는 내용은 다음과 같은 것들이 유용해요. 경험 중에서 지극히 예외적인 경험이나 소수의 경험인 경우에는 '성급한 일반화의 오류'에 걸리게 되지요. 설문 조사 결과, 전문가의 의견, 통계자료, 매스미디어 자료, 인터넷, 사전, 사진, 녹음, 실제 사실, 연구 결과 등이 일반적으로 설득력 있는 경험을 구성하는 것이 되지요. 상상이나 추측 및 주관적인 내용은 타당성을 잃게 되는 것은 당연해요. 즉 설득력이 약해진다는 것이지요. 이는 상대측으로부터 반박당할 여지를 남겨두게 되요. 또한 분명하게 인용하거나 자료화한 것에 대하여 출처를 밝히면 좋아요.

마지막 다섯째로 결론입니다. 각각의 근거와 설명 간에는 두괄식이 성립되지요. 즉 근거는 중심 문장이고 설명은 보조 문장으로 하는 하나의 문단은 두괄식이 된다는 것이지요. 이는 미괄식 문장보다 주장을 강하고 확실하며 단호하게 하는데 효과적이라는 것이지요. 또한 모든 근거와 설명이 끝났으면 논제에 대한 입장을 다시 한 번 주장하는 것이 좋아요. 예를 들면 이렇게 하는 것이지요.

"저희 측에서는 위와 같은 근거를 들어 다시 한 번 찬성측의 입장에서 주장합니다."

지 선생님은 디베이트 학습의 여러 단계 중 입론 단계에 대한 설명을 어느 정도 마무리 했다.

"여러분 축구 좋아하죠? 디베이트는 축구와 같아요. 왜 그럴까요?, '한쪽이 공격을 하면 상대측에서 수비를 하니까요. 디베이트 수업에서 각 팀의 팀장은 축구 경기를 이끌어가는 감독과도 같은 역할을 하는 것이지요. 이제까지 팀장으로서 팀을 훌륭하게 이끌어서 승리를 했었던 조장들은 모두가 자기가 원하는 대학에 입학했을 정도이에요. 왜 그렇게 되었을까요? 학급에서 찬성측이나 반대측의 팀장이 되면 실질적인 방법으로 리더십을 키워나가기 위해서 많은 노력을 하게 되지요. 학생들을 대표해서 인사말을 하거나 다양하고 깊이 있는 자료들을 조사해서 친구들을 도와준다든지, 친구들이 추천해서 뽑아주었다는 자부심을 갖는 일종의 명예를 쌓아가는 특징이 있다는 거예요.

지 선생님은 각 팀의 대표인 모둠장 아이들의 중요성을 이야기하면서 이제까지 모둠장 역할을 훌륭하게 수행했던 선배들에 대해서 칭찬을 아끼지 않았다.

"선생님, 각 단계에서 가능한 모든 친구들이 함께 참여하게 하려면 어떻게 해야 하나요?"

정토론이 물었다.

"선생님이 막 이야기 하려고 했는데 좋은 질문을 해 주었어요. 질문을 한다는 것은 선생님의 이야기를 제대로 이해하고 있다는 표시라고 생각해요. 학급의 회장이나 부회장과 마찬가지로 디베이트 수업에서의 찬성측이나 반대측의 조장은 입론과 반론, 최종변론 과정에서 10여명의 친구들을 실질적으로 이끌게 되고 승리하거나 패배하여 소위 '권한 위임과 책임'의 원칙에 충실하게 되지요.

입론단계에서 주어진 5분을 초단위로 환산을 하게 되면 300초가 되지요. 조원들이 13명이라면 발표력을 포함한 학력수준을 상, 중, 하의 3단계로 구분했을 때 하 단계에 속하는 아이들과 중단계의 중간 아래단계에 해당하는 아이들을 입론단계에 배정하는 것이 좋아요. 그렇게 하면 아이들의 부담이 현저하게 줄어들게 될 뿐만 아니라 아이들이 20초 내외로 하여 발표를 하게 되는 것이지요. 만약 한 학생에 25초씩 배정이 되어있다면 최소한 10명에서 12명 정도의 아이들이 발표를 할 수 있다는 말이지요. 이렇게 시간을 안배한다면 조별 협동수업에서 발생할 수 있는 폐단인 무임승차하는 학생들이 발생할 여지가 없게 되는 것이지요."

"시간을 나누어서 발표하려면 발표할 내용들을 잘게 나누어야 하는데 어렵지 않나요?"

주도학이 질문했다.

"도학이가 이야기 한 것에 매우 중요한 포인트가 들어 있어요."

도학이의 지적에 힘을 받은 지 선생님은 이야기를 계속했다.

"논제에 대해 각 측 입장에서 연구한 논점들을 크게 나눈 다음 세부내용들을 여러 학생들에게 나누어서 발표하게 하는 것이지요. 논제의 예를 통해서 논점별로 세부 내용들을 나누는 방법에 대해서 설명해 볼게요. '만화는 우리사회에 매우 유익하다' 라는 논제가 제시되었을 때 찬성측에서 어떻게 입론을 구성하고 어떻게 하면 여러 명이 나누어서 발표를 하게 할까요? 찬성측에서 주장할 논점들은 크게 5가지 정도 있고 이러한 논점들을 10명의 학생들이 나누어서 발표하게 할 수 있어요. 첫 번째 논점은 만화는 일상에서 실행하기 어려운 무한한 상상력을 발휘하게 해 주어서 현실세계에서 지친 사람들에게 힘을 주는 환상의 세계로 인도해 준다는 것이지요. 이러한 논점을 2명의 학생들이 나누어서 이렇게 발표할 수 있어요.

"만화는 너무나도 익숙한 현실사회에서 탈출하여 환상의 세계를 체험하게 함으로써 삶의 활력소를 만들어 주는 역할을 합니다." "만화는 줄글들에서 찾아내기 어려운 상상력이 풍부한 그림들로써 사람들에게 행복감을 안겨줍니다."

두 번째 논점은 만화는 독서습관을 길러 준다는 점이지요. 이러한 논점들은 다음과 같이 나누어 볼 수 있어요.

"줄 글로 된 책을 읽다보면 일단 독서하다가 쉽게 지치게 되고 책을 읽는 것이 힘이 든다는 편견을 가지게 되어 책을 읽는 것이 부담스럽게 여겨집니다."

"만화가들이 장면마다 내용에 어울리는 그림들로써 설명을 해 가기 때문에 책을 읽는 시간이 너무도 즐겁고 시간이 어떻게 흘러갔는지 모르게 되며 자기 스스로 책을 오래 읽었다는 성공 체험과 함께 지속적인 독서습관이 형성되게 되는 것입니다."

세 번째 논점은 만화는 종이로 만들어진 것뿐만 아니라 애니메이션으로도 만들어 진 것들도 있기 때문에 경제활동을 하는 사람들에게 일자리를 제공함으로써 경제생활에 긍정적인 영향을 준다는 것이지요.

"만화를 그리는 사람들과 애니메이션을 제작하는 사람에게 새로운 일자리를 만들어 주어서 실업률을 낮추고 경제활동이 원활하게 이루어지도록 도와줍니다."

"만화방이나 영화산업 근무자, 만화 속에 등장하는 캐릭터를 이용한 각종 상품들을 제작하고 판매하는 사람들에게 소득을 가져다 주어서 경제의 전반적인 흐름을 활발하게 합니다."

네 번째 논점은 정보와 지식을 받아들이고 전달하는 데 탁월한 효과를 가지고 있다는 것이지요.

"줄글로 된 것들로 다양한 계층의 사람들에게 계몽적인 내용을 전달하는 것은 매우 어렵습니다. 하지만 만화를 이용하면 전달하고자 하는 것들을 쉽게 전달할 수 있습니다."

"일반인들이 전문적인 제품의 사용법이 담긴 매뉴얼이나 역사적인 내용이 담긴 것과 기계공학적인 것들, 수학적인 것들이 만화로 표현된 것들을 쉽게 익힐 수 있습니다."

다섯 번째의 논점은 만화는 스트레스 해소에 도움을 준다는 것이에요.

"갖가지 시험일정에 지쳐있는 학생들에게 재미있는 캐릭터와 스토리가 들어 있는 만화를 읽게 함으로써 웃음거리를 찾아주게 되어 자연스럽게 스트레스가 해소되게 해 줍니다."

"게임동영상과 같은 소프트웨어들이 발달함으로써 학생들이나 직장인들이 경쟁하느라 지친 심신을 달래게 해 주는 게임을 하게 하여 억압된 자연 본성을 되찾게 해주는 데 지장을 초래하는 스트레스를 해소하게 해 줍니다."

여섯 번째의 논점은 만화산업의 발달로 인해서 각종 컴퓨터그래픽의 발달에 기반이 되게 해주는 역할을 하게 해 준다는 것이지요.

"어떤 나라와 전쟁을 하기 전에 시뮬레이션을 만들어서 작전을 짜게 되면 인명과 물자의 피해를 줄일 수 있습니다."

"영화 내에서 고난도의 캐릭터 역할을 실제로 사람들이 하기 어려운 경우에 애니메이션으로 제작하게 되면 무난하게 그 역할을 연기할 수 있습니다."

이러한 방법으로 각 측에서 주장하고자 하는 논점들을 잘게 나누어서 가능한 많은 학생들로 하여금 발표하게 하면 디베이트 학습을 할 때 가장 어려운 골칫거리를 해결 할 수 있어요. 즉 발표하는 학생들만 발표하고 논제에 대해 발표할 내용이 제대로 준비가 안 된 학생들은 발표를 못하게 되는 어색한 분위기를 없앨 수 있다는 것이지요. 물론 이 때 선생님이나 부모님들에게 발표할 논점들에 대하여 물어보고 함께 의논하면 관점이 넓어지고 깊어지는 기쁨을 맛볼 수 있어요."

지유엄 선생님은 칠판에 첫 번째 내용부터 여섯 번째 내용까지 세세하게 필기를 해가면서 상세하게 설명을 해 주었다. 에덴반 아이들은 입론에서 해야 할 것들에 대하여 예를 들어 설명을 해 준 것을 듣고 훨씬 더 쉽게 이해하는 분위기였다.

화장실을 자주 갈 뿐만 아니라 화장실에서 친구들과의 우정을 돈독히 쌓고 있는 이지성, 오광활, 위신경, 전경솔이 동시에 손을 들었다. 그들이 손을 들고 있는 순간에 쉬는 시간을 알리는 음악이 흘러 나왔다.

"10분 쉬었다가 디베이트 학습의 나머지 단계에 대한 설명을 이어서 하기로 해요."

디베이트 학습의 단계들에 대한 설명이 꼭 필요했지만 솔직히 지루한 면이 많았다. 하지만 조금만 더 참아내면 자신들이 수업의 주체로서 재미있게 공부를 하게 된다는 기쁨으로 위안을 삼고 열심히 지 선생님의 설명을 경청했다. 에덴반은 록산초교 4층에 있었고 화장실에서 긴 통로 옆으로 다섯 번째로 있었던 교실이어서 거리가 먼 편이었다. 하지만 지유엄 선생님이 워낙 엄격하게 복도통행을 강조해서 뛸래야 뛸 수 없는 상황이었다. 아니 안 뛰는 것이 여러모로 속이 편하다는 생각이었다. 다음 시간의 시작을 알리는 종이 울렸다.

"자, 아까 디베이트 학습의 어떤 단계에 대하여 공부했지요?"

꼭 필요하고 중요한 내용들에 대해서 공부를 할 때에 지 선생님은 그 어느 때 보다도 엄격하고 진지한 분위기를 유지하도록 노력했다. 지 선생님의 첫 번째 질문에 거의 대부분의 아이들이 손을 들었다. "디베이트 수업의 첫 단계인 분위기 조성과 그 다음 단계인 입론에 대하여 설명해 주셨습니다."

정토론은 다른 친구들에게 기쁜 마음으로 공부를 하자는 마음을 담아서 낭랑하고 자신 있는 목소리로 대답했다.

"이어서 정토론이 발표한 것으로 입론 단계 다음에는 어떤 단계이지요?"

대다수의 아이들은 '반론'이라고 대답했으나 주도학과 구성주만은 아니라고 대답했다.

"도학이와 성주는 반론이 아니라고 생각한다면 그럼 무슨 단계라고 생각하지?"

"예, 반론에 들어가기에 앞서서 협의단계인 '작전타임'이라고 생각합니다."

"그래요. 맞았어요. 작전타임이에요. 먼저 작전타임에 대해서 설명할게요. 잘 들어보세요. 작전타임은 입론이 끝나고 반론이 시작되기 전에 제 1차로 가지게 되지요. 그리고 반론이 끝나고 최종변론이 시작되기 전에 제 2차로 작전타임을 가지는 것이에요. 주어지는 시간은 1분에서 2분 정도 인데, 40분 단위로 수업을 하게 되면 1분을 배정하고 50분 단위로 수업을 하게 될 때에는 2분 정도씩 배정해도 좋아요. 1차 작전타임 때가 매우 중요한 데, 이 단계에서는 그동안 반론 단계에서 발표를 담당하기로 했던 친구들에게 누가 어떠한 논점에 대하여 반론할 것인지 순서를 정하는 것이 좋지요. 짧은 시간에 많은 활동들이 이루어지기 때문에 조장의 역할이 그 어느 때 보다도 중요한 순간이에요. 각 측의 조장은 두 줄로 앉아 있을 때 뒤쪽의 중앙에 앉아서, 발표하는 순서가 엉켰을 때나 정해진 시간에 발표하기로 했던 논점들이 빠지지 않고 수업이 이루어지도록 '조정'하는 소위 '컨트롤 타워' 역할을 하게 되요. 디베이트 수업에서는 늘 조장의 지시나 사인에 따라 학생들끼리 적절하게 발표를 하고 있는 장면을 쉽게 찾아 볼 수 있어요. 작전타임하면 그냥 어수선하고 잠시 쉬어가는 시간의 개념이 아니라 다음 단계의 방향을 결정짓는 매우 중요한 모둠별 소통과 협의 시간인 것이지요."

작전타임에 대해 지 선생님은 차근차근 설명을 해 나갔다.

"선생님, 작전타임 1분이라는 짧은 시간 동안에 10명이 넘는 팀원들끼리 어떻게 다음 단계를 잘 준비할 수 있나요?"

한마디 말도 그냥 넘기는 법이 없는 진사유가 물었다.

"각 팀의 조장은 시간이 빡빡할 때를 대비하여 다음과 같은 표를 만들어 가지고 미리 유인물화해서 팀원들에게 나누어 주면서 반론이나 최종 변론에 이루어지는 활동들을 협의 하는 것이 좋아요."

지 선생님은 에덴반 아이들이 자신의 설명이 제대로 이해가 되지 않는 표정을 짓고 있는 것을 확인했다. 그래서 더욱 자세하게 이해가 되도록 앞 보드에 다음과 같은 표를 그려서 설명을 계속했다.

학습 단계명 (   )

발표 순서	발표자	상대측 오류 내용	반론 내용	시간(초)	자료
1					
2					
3					
4					
5					

"특히 조장의 역할 중에 중요한 것이 상대측의 질문에 휘말려서 준비한 질문이나 공격사항들이 빠지지 않도록 때로는 강하게 제스처를 하여 자기 팀의 친구들에게 조정의 역할을 해야 한다는 것이지요. 이렇기 때문에 조장은 오케스트라의 지휘자나 합창단의 지휘자처럼 연주하는 악기나 합창단원들의 수준, 노래 내용을 알고 있는 상태에서 연주나 화음을 조절하는 역할을 하게 되는 것과 같아요. 디베이트 논제에 대한 논점의 전반과 팀원의 특성을 정확히 파악하고 있으며 초단위로 시간을 계산하면서 긴밀하게 운영해야 한다는 것이지요. 이러한 과정과 경험을 통해서 리더십을 훈련할 때 종합적인 사고력이 생기게 되고 전체의 상황이나 흐름을 읽어 낼 수 있는 통찰력이 신장되는 것은 당연하지요."

"선생님, 혹시 저처럼 각 팀의 팀장 역할을 맡기에 능력이 부족한 아이들은 팀장 역할을 잘하는 데 어려움이 많을 것이라 생각합니다."

음악성이 뛰어나 대중가요도 곧잘 부르는 노지혜가 물었다.

"각 팀의 팀장들은 가능한 여러 친구들이 돌아가면서 맡아서 하게 되고 이전에 활동했었던 팀장 친구들이 또래의 멘토가 되어 자세하게 팀장의 역할 수행에 대한 안내를 해 주어야 하지요. 이렇게 하다 보면 한 학급의 모든 학생들이 한 번 이상씩은 팀장 경험을 하게 되는 것이에요. 그렇게 하다 보면 우리 반의 모든 아이들이 학력과 감성지수 및 리더십이 크게 향상되어 매우 성숙한 태도를 가지게 될 거예요. 한 해 동안 디베이트 수업을 한 후 학년말이 되면 여러분의 선배들이나 학부모님들이 평가하는 공통적인 말이 있어요."

지 선생님은 작년 아이들의 학부모님들이 디베이트 학습을 마친 후 보내 준 메일을 열어서 보여주었다.

"선생님 덕분에 디베이트 학습을 알게 되었고 온 가족들이 디베터가 되어 토론을 즐기고 있습니다. 그리고 다양한 논제로 가족토론을 하게 되었으며 결국에는 우리 아이 뿐만 아니라 저희 부모와 형제들도 모두 지식과 지혜가 많이 발전하게 되었습니다."

디베이트 학습을 제대로 몰랐던 에덴반 아이들은 작전타임이 무슨 전쟁을 치루는 과정에서 이루어지는 것처럼 그 뜻을 정확하게 알지 못했었다. 그런데 지 선생님의 설명을 듣고 작전타임의 의미와 그 때에 하는 일에 대해 확실하게 이해할 수 있었고 팀장의 역할도 더불어서 알게 되었다.

"여러분 혹시 백미(白眉) 즉, 흰 눈썹 이라는 말을 들어 본 사람 있어요?"

아이들의 눈길은 다독왕이자 고사성어에 대한 박사인 진사유에게로 쏠렸다. 역시 진사유는 자랑스럽게 손을 번쩍 들어서 지식전사로서의 늠름한 태도로 친구들의 기대에 보답했다.

"진사유 말해 봐요."

"백미는 어느 형제 중에 재주가 가장 뛰어난 사람이 흰색 눈썹을 가지고 있었다고 해서 유래된 것으로써 사람이나 어떤 일들 중에서 최고로 뛰어난 경우를 일컬어서 백미라고 하는 줄 알고 있습니다."

진사유는 친구들의 기대를 저버리지 않고 지 선생님의 질문에 그럴듯하게 대답했다.

"우리 사유 그린스티커 두 개 붙여요."

"감사합니다."

"선생님이 사유가 발표한 내용을 좀 더 자세하게 알려줄게요. 백미는 삼국지 촉(蜀)지 마량전에 나오는 이야기이에요. 제갈양과도 남다른 친교를 맺은 바 있었던 마량은 형제가 다섯 사람이었어요. 다섯 형제는 자(字)-결혼을 하면 붙여지는 이름-에 모두 常(상)이란 글자가 붙어 있었기 때문에 세상 사람들은 그들 형제를 가리켜 '마씨오상'이라 불렀다고 해요. 다섯 사람이 다 재주가 뛰어나 이름이 높았으나 그 중에서도 마량이 가장 뛰어나 있었으므로 그 고을 사람들은 '마씨 집 五(오)상은 모두 뛰어나지만 그 중에서도 흰 눈썹이 가장 훌륭하다고 했어요. 마량은 어릴 적부터 눈썹 속에 흰 털이 섞여 있었기 때문에 이렇게 불렀다는 것이지요. 같은 형제뿐만 아니라 같은 또래 같은 계통의 많은 사람 가운데 가장 뛰어난 사람을 白眉(백미)라 부르게 되었다고 해요. 재미있었어요?"

"예"

지 선생님이 과연 백미에 대하여 어느 정도 알고 있는지 궁금해 했던 에덴반 아이들은 지 선생님의 폭넓은 지식에 다시 한 번 놀란 표정을 짓고 크게 대답했다.

"사유가 설명한 것처럼 디베이트 학습의 '백미'이자 '꽃'인 반론에 대하여 설명할게요. 잘 듣고 멋지게 디베이트 학습을 해 보길 바래요."

"선생님, 제 생각에는 반론단계가 가장 흥미진진할 것 같습니다."

5학년 때부터 토론의 왕이라고 일컬어지고 있는 정토론이 말했다.

"토론이가 발표한 것처럼 디베이트 수업의 반론단계에서는 아래에서 먼저 설명하는 1차 반론인 반론펴기와 2차 반론인 반론꺾기로 나누어서 수업이 전개되기도 하지요. 그러나 디베이트 대회와는 달리 디베이트 수업에서는 2차 반론인 반론꺾기를 중심으로 반론펴기인 1차 반론에서 이루어지는 것을 포함시켜서 한꺼번에 전개하는 것이 흥미 있고 유익해요. 반론 단계에서는 입론 단계에서 발표한 상대측의 주장 내용을 경청하고서 그들이 가지고 있는 의견에 대한 신뢰도와 타당도가 충실한지, 논리적인 오류가 없이 탄탄한 근거가 있는지를 가늠해 보는 것이지요. 그리고 상대측의 관점에서 언급하지 못한 것들이 있는지 살펴보고 새롭게 제시해 주는 것이지요. 반론단계에서는 정해진 규칙에 따라서 인간이 지니고 있는 공격 본능과 전투 본능을 점잖게 표현할 뿐만 아니라 게임을 즐기는 기능을 하는 면을 찾아 볼 수도 있어요."

"선생님, 이제까지 디베이트 학습을 했었던 선배들도 반론단계가 가장 재미있었다고 했나요?"

친구들과 농담하기를 좋아하고 반론 비슷하게 다투기를 잘하는 현수실이 물었다.

"그럼. 그렇지요."

지 선생님은 아주 당연하다는 듯이 큰 목소리로 말했다.

"디베이트 학습을 여러 번 하면 할수록 교사들과 학생들 모두가 그야말로 역동적으로 전개되는 반론단계의 매력에 흠뻑 빠져들게 되지요. 학년마다 수준이 다르겠지만 그들의 수준에서 예측하기 어려운 갖가지 공격과 방어의 지혜들이 총동원되고 그동안 숨겨져 있었던 학생들의 개성들이 투명하게 드러나게 되기 때문이지요. 반론에 관련된 일반적인 이론들을 설명하고 이어서 학교 현장에서 있었던 일화들을 소개해 줄게요."

"선생님, 반론도 1차 반론과 2차 반론이 있다고 하셨는데요. 먼저 1차 반론에 대하여 설명해 주세요."

유난히 디베이트 학습에 관심이 많은 위신경이 물었다.

"1차 반론은 반론펴기 단계이지요. 반론과정을 통하여 반론하는 측에서는 입론에서 다하지 못한 자신들의 주장과 그 주장에 대한 타당한 근거 자료를 제시해요. 그리고 상대측 입론에서의 주장과 근거를 듣고 반대 의견과 증거를 제시하는 단계를 말해요. 반론은 팀원들이 쟁점별로 역할을 나누어 발표할 수도 있어요. 상대측이 입론을 발표하는 중이나 입론이 끝나고 협의하는 시간을 이용하여 아래와 같은 반론 계획을 작성하면 좋아요. 경청하는 능력을 알아보기 위해 상대측의 입론 원고를 주지 않기 때문에 상대측의 발표 내용을 들으면서 자기의 생각을 정리하는 것이지요."

지유엄 선생님은 보드에 다음과 같은 표를 그려서 함께 설명해주었다. 그리고 반론펴기에 대한 설명을 계속해 나갔다.

쟁점	상대측 주장과 근거	상대측의 오류	반론계획
쟁점1			
쟁점2			
쟁점3			
쟁점4			

"반론펴기에서 유의할 점은 다음과 같아요. 첫째, 상대측의 입론에 논리적인 오류가 있는지 분석해 보고 오류가 발견되면 근거를 들어 반대 의견을 펼치는 것이에요. 만약 오류가 전혀 발견되지 않을 경우에는 쟁점별로 자기 입장의 변론에 치중하지요.

둘째, 상대측이 제시한 근거자료에 대해 신뢰도와 타당도가 충분한지를 분석해보고 반론계획표에 기록해 두면 유리해요.

셋째, 반론 시간을 이용해서 준비해 온 자료를 충분히 활용하여 제시하지요. 자료는 토론에 참가한 모든 사람들이 볼 수 있도록 하면 좋아요. 이렇게 하는 것이 제 1차 반론인 반론펴기에서 해야 할 일들이에요. 어때요? 어느 정도 이해가 잘 되나요?"

지 선생님은 반론펴기에 대하여 설명을 하면서도 아이들이 아마도 신뢰도와 타당도에 대해서는 제대로 이해하지 못할 것이라는 생각을 했다. 선생님들을 대상으로 디베이트 학습에 대해 강의를 할 때에도 이 두 가지에 대해서 꼭 질문을 받았기 때문이다.

"여러분, 신뢰도와 타당도라는 것에 대해서 설명이 필요하지요?"

"예, 그렇습니다."

에덴반 아이들 모두가 속시원하게 대답했다.

"신뢰도란 어느 누구든지 자기가 한 말들이 시간이 지남에 따라 달라지지 않고 지속되어서 그 말에 믿음을 얻는 것을 말해요. 그리고 타당도란 말하고자 하는 의견에 대한 근거를 설명할 때 그 의견에서 벗어나지 않고 어울리는 정도 즉, 주제 적합성을 일컫는 말이지요. 너무 어렵게 생각하지 말아요."

아이들은 신뢰도와 타당도에 대해서 어느 정도 이해가 갔지만 제대로 이해가 안 되는 것들은 앞으로 디베이트 수업을 하면서 더욱 자세히 알게 될 것이라는 기대를 하고 있었다.

"그런데 상대측에게 질문하면서 답변을 듣고 그 답변에 대해 다시 물으면서 하는 반론이 더욱 재미있겠는데요? 그것 좀 설명해 주세요."

여자 아이지만 남자 아이들과 마음을 툭 터놓으며 잘 지내고 자신의 꿈에 대해서도 지유엄 선생님께 말을 잘 건네는 조바람이 물었다.

"바람이 좋은 질문을 했어요. 선생님도 질문을 하면서 토론이 진행되는 '2차 반론 단계'가 훨씬 재미있다고 생각해요. 2차 반론은 '반론꺾기'라고 하지요. 질문을 통해 다른 의견이나 주장의 부당함을 밝혀서 꺾는 사고 과정으로 입론과 반론펴기에서 발견되는 모순과 불명확한 점에 대해 상대측을 심문하는 것이지요. 반론 펴기단계보다도 찬성측과 반대측 간의 상호작용이 긴밀한 것이 반론꺾기 과정이에요. 질문을 통해 상대측의 허점을 찾아 질문을 하며, 상대편이 어떻게 답변하느냐에 따라 대응방법을 달리 하기 때문에 순발력 있게 대처해야 해요. 특히 불충분한 근거자료와 신뢰성이 떨어지는 자료, 용어 정의에 대한 질문이 예상되므로 이에 대한 충분한 준비와 연습이 필요하지요. 물론 준비한 자료는 반복해서 제시해도 좋아요."

"선생님, 축구 게임의 공격할 때와 방어할 때가 다르듯이 공격측에서는 반론꺾기를 어떻게 하면 잘할 수 있나요?"

외모도 잘생기고 축구도 가장 잘할 뿐만 아니라 에티켓이 뛰어나 여자아이들에게 인기가 많은 이지성이 손을 들어 질문했다.

"지성이가 마침 잘 물어 봤어요. 선생님도 지금 반론꺾기를 성공적으로 하는 방법에 대해 설명하려던 참이었는데."

"감사합니다."

이지성은 점심을 먹고 운동장에 나가서 시간이 가는 줄도 모르고 축구를 하다가 늦게 들어왔을 때 전혀 변명을 하지 않고 쿨하게 "죄송합니다. 선생님. 앞으로 시간 안에 들어오겠습니다."라고 잘못에 대해 사과를 했다. 그리고 고마운 상황에서는 "고맙습니다."라는 말을 자주해서 에덴반 남자아이들의 분위기를 건전하게 이끌어 가는 데 큰 역할을 하는 아이였다.

"반론꺾기를 성공적으로 하는 요령들은 다음과 같아요."

지유엄 선생님은 반론꺾기를 성공하는 10가지 방법에 대하여 보드에 써 가면서 이해를 돕기 위해 사례를 제시하기도 했다.

"반론꺾기를 할 때 공격하는 측에서는 첫째, 질문을 짧고 명확하게 해야 하는 것이 특징이에요. 질문에 대한 배경 설명까지 장황하게 하면 정해진 시간을 많이 낭비해 큰 손해를 보게 되기 때문이지요. 국회에서 증인들이나 인사청문회를 치러야 하는 장관들을 출석시켜 놓고 날선 비판을 하는 야당의원들의 질문(심문)이나 공권력의 대표자인 검사가 피의자를 심문할 때와 비슷한 방법으로 질문을 하는 것이지요. 인사청문회 과정에서는 여당 국회의원들은 정책집행을 담당하게 될 정책 파트너인 행정부서 장관이나 우호적인 대법관인 경우에 그들을 변호하기 위해서 사건의 개요나 출석한 사람들의 업적, 열정 등을 나타내기 위해서 때로는 장황하다고 할 정도로 질문을 오랫동안 하는 것을 쉽게 볼 수 있어요. 그렇지만 야당의원들은 발생한 사안들에 대하여 사실관계를 치밀하게 확인하고 잘못 했던 점들을 집중적으로 추궁을 해야 하기 때문에 질문을 짧고 명확하게 하는 것이 통례이지요. 학교에서 디베이트 수업을 할 때 이와 같은 질문공세를 하기 위해서는 많은 준비와 연습이 필요하겠지요? 여러 차례 하다 보면 익숙하게 되고 자신감을 가질 수도 있으며 나중에는 그것을 즐기게 돼요.

둘째, 상대측에게 질문을 할 때에는 되도록 '예, 아니오'로 답변할 수 있도록 정리해서 하지요. '~에 대하여 어떻게 생각하십니까?' 등의 형식으로 질문을 하면 상대측이 장황하게 대답을 하게 되어 질문하는 쪽 보다 답변하는 쪽이 오히려 유리하게 되기 때문이지요. 예를 들어 국회청문회에 출석한 증인이나 해당 공무원들에게 야당 국회의원들이 질문했을 때 '예' 혹은 '아니오'라고 답변할 것을 요구했는데에도 불구하고 자기변호나 변명을 하려고 할 때에는 심할 정도로 호통을 치고 몰아붙이는 장면을 매스컴에서 볼 수 있어요. 디베이트 단계 중 자기측에게 공격권이 있을 때 확실히 점수를 따 놓아야 하겠지요? 만약 상대측이 장황하게 답변을 하면 정중하게 답변을 멈추게 할 수 있는 권한이 공격측에게 있다는 것을 알아두면 좋아요.

셋째, 마음을 가라앉히고 흥분하지 않도록 해야 돼요. 토론은 논제에 대하여 가장 합당한 대안을 찾아내기 위하여 편을 나누고 그 입장에서 최대한 의견을 펼치는 것이기 때문에 이성을 잃고 흥분하면 말의 순서나 질문할 내용을 잊기 쉬우므로 불리하기 때문이지요. 따라서 토론을 할 때에는 말하는 아이들과 듣는 아이들 모두 지극히 이성적인 태도로 임해야 해요. 저학년으로 갈수록 냉철한 이성보다는 감정적인 성향이 많은 시절이므로 몇몇 아이들이 이성을 잃어버리고 말의 꼬투리를 잡는다거나 윽박지르듯이 상대편을 몰아세우는 경우가 왕왕 있어요. 이 때 토론주체들의 장점과 단점을 정확하게 평가하는 판정인들에게 감점이 되어 패배하게 되고 후회할 수 있어요. 특히 학교 현장에서 토론수업을 하다보면 가치논제를 가지고 토론을 할 때 인신공격성 발언이 나올 때가 있어요. 발표하는 아이가 평소에는 그렇게 하지 않으면서도 말은 그럴듯하게 했을 때 상대측이 신경질적으로 이렇게 물어보는 경우를 보았어요.

"지금 말한 친구는 평소에 그렇게 생활하지 않으면서 이 번 디베이트 수업을 할 때에는 마치 그렇게 생활하는 것처럼 말하는 것을 보면 위선자 같습니다."

이렇게 자신을 불쾌하게 하는 말을 들었을지라도 발끈해서는 안돼요. 왜냐하면 논제를 놓고 찬성측과 반대측을 정할 때 자기 자신의 주관적인 생각과 자신이 실천을 잘 할 수 있기 때문에 그 입장에서 의견을 발표하는 것이 아니라 '내가 만약 그러한 상황에 처해있다면 어떻게 하겠다.'는 객관적인 생각을 말하는 것이기 때문이지요. 디베이트 학습에서 기본적으로 지켜야하는 사항들을 간과하고 인신공격을 할 때 점수 떨어지는 소리가 들려요. 어린 아이들이 심한 수준으로 다툼이 발생했을 때 판정인이 따끔하게 경고를 하게 돼요. 그래도 중단이 되지 않으면 사회자인 교사가 제지시키고 비난행동을 계속할 경우에는 다음번에 있을 '디베이트 학습에 참여할 수 있는 학생으로서의 자격'을 박탈할 수도 있다고 경고를 해서 다툼을 멈추어야 해요.

넷째, 상대측이 불명확하게 질문을 하면 질문의 요지를 다시 물어 확인할 수 있어요. 질문하는 측에서 질문의 목적이 정확하게 초점이 맞추어져 있지 않을 때에는 질문하는 측이 감점을 주지요. 반대로 질문을 명확하게 제시했는데에도 불구하고 질문을 받은 측이 다른 생각을 하고 있었거나 제대로 이해하지 못했다면 질문을 받은 측이 감점을 당하게 돼요.

다섯째, 상대측이 내린 용어의 정의가 부당하게 상대측에게 유리할 때에는 부당성을 지적하지요. 용어의 정의를 달리하면 토론의 방향이

엉뚱한 데로 흘러갈 수 있고 한쪽이 일방적으로 이득을 받을 수도 있기 때문이에요. '만화는 우리사회에 매우 유익하다.'라는

 논제의 디베이트 수업에서 만화는 종이로 만들어진 것뿐만 아니라 애니메이션이나 영화와 같은 영상매체도 포함해요. 애니메이션이 만화라는 개념에 포함되느냐의 여부는 반론단계에서 논의되어지는 폭과 깊이에 있어서 매우 달라지게 돼요. 이와 같이 논제에서 나타나는 용어의 정의를 정확히 하는 것이 성공적인 토론학습을 보장할 수 있지요. '심청이가 한 행동은 지혜로운 것이다.'라는 독서토론 논제의 경우에도 어떤 아이들은 심청이가 한 행동보다는 심청전이라는 이야기에 초점을 맞추어서 토론을 진행하다가 토론을 하는 중간에 뒤늦게 용어의 정의를 잘못 이해한 채 토론하고 있었다고 후회하는 것을 볼 수 있어요.

 여섯째, 상대측이 제시한 근거자료를 면밀히 분석하여 신뢰도와 타당도를 따져보아야 해요. 앞에서 잠깐 설명을 했지만 상대측이 주장하는 의견들에서는 대개 시간대의 변화에 따른 일관성인 '신뢰도'에 크게 어긋나지 않으나 논제 적합성인 '타당도'에 있어서는 왜곡되거나 불확실한 것들이 많이 발견돼요. 소위 논리적인 오류들 중에서 가장 많은 비중을 차지하는 것이 타당도의 부족함이에요. '초등학생들에게 장신구 착용을 허용해야한다.'라는 논제를 가지고 디베이트 수업을 할 때 반론 꺾기 상황이 떠오르네요. 찬성측에서는 이렇게 입론을 했어요.

"반대측 친구들도 경주나 공주에 있는 왕릉에 가 본 경험이 있을 것입니다. 그 곳에서 무엇을 보았습니까? 왕과 왕비의 목걸이와 귀걸이, 벨트 등과 같은 장신구들을 보았을 것입니다. 옛날의 우리 조상들도 장신구 착용을 했는데 이렇게 현대화된 시대에 자신의 아름

다움을 위해 귀걸이나 목걸이 착용을 허용하는 것은 당연시 되어야 한다고 생각합니다. 또한 우리 초등학생들이 장신구 착용을 한다고 하더라도 어느 누구에게 피해를 주는 것도 아닌데 굳이 금지하는 이유가 무엇인지 모르겠습니다."

반대측에서는 찬성측에서 놓친 '타당도의 잘못'에 대해 이렇게 반박을 했어요.

"지금 찬성측에서는 논제를 제대로 이해하고 있지 못하고 있는 것 같습니다. 논제에서 밝힌 바와 같이 우리들이 이야기하고 있는 장신구 착용의 주체는 옛날의 왕족, 귀족 그리고 일반 어른들이 아니라 '초등학생들'이라는 사실입니다. 옛날의 왕족들이 초등학생들입니까?"

이와 같은 논제를 가지고 디베이트 학습을 했었을 때 찬성측이 논제에 대한 정확한 이해가 없었기 때문에 많은 공격을 당해 반대측이 한판승을 했던 것으로 기억해요."

에덴반 아이들은 신뢰도와 타당도라는 말을 이해하는 데 어려웠으나 지 선생님이 앞에서 한 번 설명을 해 주었고 이번에는 예를 들어서 설명을 해 주었기 때문에 훨씬 정확하게 이해할 수 있었다. 지 선생님은 에덴반 아이들의 질문을 언제든지 받아들일 수 있는 자세로 설명을 계속해 나갔다.

"신뢰도 오류의 문제는 입론이나 반론 단계에서 주장하는 의견들이 시간을 달리하면서 달라져 헷갈리게 하는 경우예요. 어떤 경우에는 자기팀원들끼리 의견이 일치되지 않아서 앞에서 말한 내용과 뒤에 말한 내용이

다를 때가 있어요. 그래서 상대측으로부터 호되게 공격을 당하고 후회를 하게 되지요. 이와 같이 디베이트 수업에서는 상대측의 의견들을 경청해야 하지만 자기 팀의 발표 내용 또한 정확히 이해하고 있어야 하지요. 디베이트 수업이 가져다주는 최대의 선물이 친구들의 의견을 매우 주의 깊게 듣고 자신의 생각과 비교할 수 있게 된다는 것이 지요.

일곱째, 상대방의 핵심을 찌르는 질문을 해야 돼요. 디베이트 수업을 하다보면 주장하는 의견이 어느 한쪽 측면에서 마치 만고의 진리이고 대안이 없는 것처럼 이야기 하는 것을 종종 발견할 수 있어요. 이렇게 취약한 점들을 콕콕 찔러서 상대측을 당혹스럽게 하면서 상대측이 폭넓게 생각하는 기회를 제공해 주면 많은 점수를 얻을 수 있지요.

'만화는 우리 사회에 매우 유익하다.'라는 논제를 가지고 디베이트 수업을 할 때의 예를 들어서 자세히 설명을 해 줄게요. 여러분의 선배들이 했던 내용들이기 때문에 훨씬 이해가 잘 되리라 생각해요."

지유엄 선생님은 환한 표정으로 예를 들면서 설명을 시작했다.

"찬성측에서 의견을 발표했어요.
만화는 줄글들을 읽을 때 보다는 우리들에게 상상력을 불러일으켜 줍니다.
이에 대해서 반대측에서 강력하게 반대 주장을 펼쳤지요.
아닙니다. 만화는 글을 읽을 때 읽는 사람 나름대로 자신의 개인적인 경험을 통해서 상상을 하게하는 힘을 펼치지 못하게 하기 때문에 오히려 상상력을 제한할 수도 있습니다."

"찬성측에서는 반박할 의견과 근거를 모색하는 데 전전긍긍하면서 이러한 논점을 미처 준비하지 못하고 있었어요.

물론 찬성측 조장도 매우 당혹스러워하고 있었지요. 찬성측 팀원 모두가 서로의 얼굴을 바라보면서 반대측의 위와 같은 반박에 대하여 어느 누가 재반론으로 꺾어주길 고대하고 있었지요. 이 때 찬성측을 구원할 '구세주(?)'가 등장했어요. 어떠한 논리로 반대측의 코를 납작하게 해 주었을까요?"

"여러분, 우리들이 즐겨 보고 있는 만화책이나 애니메이션을 만든 사람들은 단순히 그림만을 잘 그리는 사람들일까요? 제가 알고 있기에 만화가들의 대부분은 우리들보다 훨씬 더 다양하고 많은 경험을 한 창의성을 지닌 사람들이라고 생각합니다.

예를 들면 《타짜》, 《꼴》, 《식객》 등의 만화작품을 그린 허영만이라는 화백은 서양화를 전공했고 평범한 사람들이 경험하지 못하는 수많은 것들을 몸으로 경험한 사람입니다.

초등학생들이나 중고등학생들과 비교해 볼 때 앞에서 예를 들었던 만화가들이 그려내는 장면들을 비교 해 보면 어느 쪽이 더 상상력이 풍부하다고 할 수 있을까요?"

이렇게 뜨거운 공방을 계속하여 결국에는 '상상력을 키워 준다.'라는 논점에서는 찬성측이 승리를 했고, 그렇게 발표를 했던 아이는 친구들의 열렬한 신뢰 속에 결국 2학기에 학급의 회장으로 당선 되었어요. 예상하지 못했던 찬성측의 공세에 대응하지 못한 반대측 아이들의 분위기는 그야말로 찬물을 끼얹은 것처럼 잠잠해졌지요.

지유엄 선생님은 작년에 만화와 관련된 디베이트 수업이 끝난 후에 만화가들의 우수성을 지적해 낸 학생에게 물어본 실례를 이야기 해 주었다.

"성훈아, 혹시 네가 제시한 의견에 반박할 내용도 있었니?"

"예, 선생님 저는 줄글로 되어 있었던 인기 작품들을 만화책이나 만화 영화로 만든 것들을 비교 해 보면 줄글들이 훨씬 더 재미있었다는 것과 상상력은 창의성의 한 분야이기 때문에 어렸을 때부터 자기만의 생각을 해 보는 훈련을 지속시켜 준다는 의미에서 줄글이 만화보다 훨씬 더 상상력을 키워주는데 도움이 된다고 반박했을 것입니다."

지유엄 선생님은 그 성훈이라는 아이가 평소에 얼마나 폭넓고 깊이 있게 생각을 많이 하면서 생활하고 있었는지 다시 한 번 크게 놀랐다고 이야기 해 주었고 이어서 반론꺾기에 대하여 여덟 번째의 설명을 시작했다.

"여덟째, 상대측의 논리적인 취약점을 찾아 집중적으로 질문하지요. 어느 때에는 같은 팀 구성원들이나 한 학생이 여러 차례 발표를 할 때 앞에 주장한 내용과 중간이나 끝부분에서 주장하는 내용들이 현저히 상이한 점들을 확인하게 될 때도 있어요. 소위 논리적인 오류를 범하고 있는 것이지요. 이러한 논리적인 약점들에 대해 계통을 세워서 메모해 두었다가 집중적으로 질문 공세를 하는 것 또한 반론 단계에서 매우 중요한 포인트가 되지요.

아홉째, 자기 팀이 질문을 하는 동안 다른 학생들은 질문에 대한답변을 분석하고, 또 다른 학생들은 다음 쟁점에 대해 질문할 준비를 하면 좋아요. 같은 의식 수준의 친구들끼리 토론을 하기 때문에 반론과정에서 매우 팽팽한 느낌을 주지요. 학생 혼자 여러 논점들을 다 챙겨서 공격이나 방어를 하기가 매우 어렵다는 특징이 있어요. 따라서 자기 팀원이 상대팀을 향해서 질문을 하는 동안 다른 학생들은 입론 단계에서나 미리 준비했던 내용들을 상황에 알맞게 질문할 준비를 하는 것이 좋겠지요?"

다소 지루했지만 반론꺾기 단계는 어떤 거대한 작전을 수행하는 암호를 풀이하는 것처럼 생각되었는지 에덴반 아이들은 그 어느 때보다도 진지하게 경청했다. 한동안 잠잠한 분위기를 깨고 최신중이 손을 들었다.

"최신중, 무슨 질문 있나요?"

"제 생각에는 1차 반론을 2차 반론에 넣어서 한꺼번에 하는 것이 디베이트 학습이 더욱 흥미진진할 것 같다고 생각합니다. 왜냐하면 상대측에게 질문을 하고 답변을 주고받는 가운데 자기측의 입장도 다시 확인하게 되고 상대측의 오류도 잘 지적해 낼 수 있기 때문입니다."

최신중의 제안에 지유엄 선생님은 매우 만족했다.

"선생님이 지금 이야기 해 주려고 준비하고 있었는데 어쩌면 그렇게 족집게처럼 잘 지적해 낼 수 있을까? 선생님이 디베이트 학습에 대해 처음으로 연구를 시작하던 해에 10회 정도 디베이트 수업을 해 보면서 '반론 단계에서는 어떠한 활동들이 이루어졌으면 좋겠는가?' 생각을 많이 해 본 결과, 다음과 같은 결론에 도달하게 되었어요. 디베이트 대회에서는 반론펴기와 반론꺾기 단계가 별도로 분리되어서 진행이 될지라도 디베이트 수업에서 만큼은 이 두 단계가 혼합이 되어 '반론' 단계로써 이루어졌으면 한다는 것이지요. 실제로 디베이트 수업을 처음으로 실행할 때 반론펴기와 반론꺾기를 각각 한 단계씩 두 단계로 나누어서 수업을 진행했어요. 그렇지만 질문을 주고받는 '반론꺾기' 단계에서 시간이 너무 짧다고 느껴질 만큼 매우 활발하게 토론이 전개되는 반면 반론펴기 단계에서는 그다지 활기차게 토론이 이루어지지 않더라구요.

그래서 그 다음 디베이트 학습시간에는 주로 상대측이 입론과정에서 발표한 오류들을 지적해서 질문을 던지고 답변하는 '반론꺾기' 위주로 수업을 해 보았어요. 그 결과 여러분 선배들의 반응 또한 매우 좋았고 수업현장의 적합도면에서 월등히 효과가 있다는 것을 알게 되었지요. 왜냐하면 이러한 '반론꺾기 형태의 반론 단계 내'에서 '반론펴기 단계에서 이루어져야 하는 것들'을 포함해서 활동할 수 있기 때문이지요. 즉, 입론단계에서 다하지 못한 자신들의 주장과 주장에 대한 타당한 근거자료를 제시하고 상대방의 입론에서의 주장과 근거를 듣고 반대 의견과 증거를 제시하는 내용들이 반론꺾기 단계에서 모두 이루어질 수 있는 것을 확인했어요."

지유엄 선생님이 설명을 하는 동안 에덴반 아이들은 입술을 굳게 다물면서 지 선생님이 나누어준 유인물 옆에 깨알같이 작은 글씨로 빼곡히 채웠다. 어떤 아이는 중요도에 따라서 형형색색으로 글씨물을 들이기도 했다.

"자, 이제까지 디베이트 학습의 반론 단계에 대하여 자세히 알아보았어요. 다음은 무엇을 알아보아야 하지요?"

"예, 최종변론입니다."

에덴반 아이들은 지유엄 선생님과 함께하는 디베이트 학습이 너무 재미있고 유익할 것이라는 말을 선배들이나 부모님들로부터 이야기를 많이 들어서인지 지치지도 않고 집중하며 열심히 공부를 하고 있었다. 지 선생님은 최종변론에 대한 설명을 이어갔다.

"최종변론(最終辯論)이란 디베이트 수업의 마지막 단계이지요. 입론(立論)단계에서 제시된 논제에 대해 자기의 주장에 대한 이유와 근거를 들어 펼치고, 반론(反論)펴기 단계에서는 상대측의 입론에서 모순점을 찾아 증거를 대며 오류를 지적하지요. 반론(反論)꺾기 단계에서는 반론을 펼친 내용을 중심으로 질문을 통해 상대방의 허점을 공격하고 자기의 주장이 더 타당함을 입증해요. 이제부터 살펴 볼 최종변론 단계에서는 디베이트 수업의 뼈대가 되는 주요 단계 중에서 마무리 단계라고 할 수 있어요.

　최종변론에서는 반론펴기와 반론꺾기에서 타당성이 검증된 주장만을 살리고, 부당성이 지적된 주장은 과감히 버려야 해요. 물론 상대측이 훌륭한 논리를 내세웠으면 칭찬도 해주어야 하지요. 그러나 잊지 말아야 할 것은 그럼에도 불구하고 자기측의 논리가 더 훌륭하다는 것을 증명해 보여야 하는 것이에요. 최종변론에 들어가기 전에 1분이나 2분 정도 같은 팀끼리 협의하는 작전 타임이 주어지는데 이 시간을 잘 활용하여 조장을 중심으로 빠른 시간 내에 입론의 내용을 재구성해야 해요. 즉, 반론펴기 및 반론꺾기 단계에서 이루어진 내용들을 서로 비교하여 상대방의 질문을 받고 입증을 하지 못한 주장은 과감히 버려야 해요. 그리고 질문을 통해 지적했던 상대측 주장의 허점은 확실하게 잘못된 것임을 재강조해야 하지요. 이러한 재구성의 과정을 통해 학습자들은 논점에서 요구되는 의사결정 내용들에 대하여 비교 분석하고 종합하는 고차원적인 사고력을 배우게 되는 것이지요."

　"선생님, 최종변론 단계에서는 구체적으로 어떻게 해야 하는지 자세히 설명해 주세요."

　나직설이 질문을 했다.

　지유엄 선생님은 자신이 직접 설명을 하는 것과 더불어 이렇게 에덴반 아이들의 질문에 답하는 것이 훨씬 더 교육적인 효과가 높다는 것을 알고 최종변론에 대하여 자세하게 설명을 시작했다.

"최종변론 단계에서는 먼저 토론의 쟁점을 구체화하여 거론하지요. 둘째, 상대측 주장 및 태도 등 우수했던 점들을 인정하고 칭찬해 주어야 해요. 셋째, 자기측이 주장했던 오류에 대해서 상대측이 날카롭게 지적했던 내용들을 제대로 입증하지 못했던 점을 솔직히 인정하지요. 넷째, 상대측의 오류나 허점을 드러내어 정리해주어야 해요. 다섯째, 상대측 주장과 비교하여 내 주장이 더 우세한 것을 강조하는 것을 잊지 않아야 해요."

지 선생님은 최종변론에서 이루어져야 할 사항들을 다섯 가지로 정리해서 설명을 마쳤다.

"그리고 최종변론에서 이러한 점들에 대해서 주의를 기울여야 해요. 먼저 입론의 주장을 그대로 주장해서는 안 된다는 점이에요. 둘째, 입론에서 주장하지 않았던 새로운 쟁점들에 대하여 주장을 하지 않는 것이 좋아요. 셋째, 논리적인 흐름에 부합된 주장을 하고 감성에 호소하는 내용은 배제해야 하지요. 넷째, 상대측에서 주장하지 않는 새로운 주장을 만들어 변론을 해서는 안 되지요. 다섯째, 미리 써 온 원고를 그대로 읽어서는 안 되지요. 여섯째, 끝까지 침착하고 예절바르며 설득력 있게 주장을 하도록 노력해야 하지요."

이어서 지 선생님은 최종변론 단계에서 자칫하면 점수를 잃게 될 점들에 대하여 이야기를 계속했다.

"선생님, 최종변론의 내용은 입론과는 다르지만 그 형식에서는 입론과 비슷한 점들이 많은 것 같은데요. 말투나 어투 같은 것도 함께 설명해 주시면 고맙겠습니다."

토론을 완벽하게 해 보겠다는 다짐이 등등한 정토론이었다.

"토론이가 이제 입론과 최종변론을 비교할 줄도 아는 데. 최종변론은 이렇게 말을 하면 좋아요.

> 우리들은 다시 한 번 ○○이 옳다고 주장합니다. 지금까지 우리들의 토론수업에서 분명하게 알게 되었던 것들에 대해 다시 한 번 더 (   )가지 근거를 제시하겠습니다.
> 첫째, (   )입니다. ○○에 의하면 ……
> 둘째, (   )입니다. 참고도서 ○○에 의하면 ……
> 셋째, (   )입니다. ○○ 조사에 의하면 ……
> 이와 같은 근거로 ~에 대하여 찬성(반대)측이 옳다고 주장합니다.

"최종변론 단계에서 자기측이 주장할 내용을 보다 확실하게 하기 위한 방법으로는 어떤 것들이 있다고 생각해요?"

지유엄 선생님은 설명을 열심히 듣고 있던 아이들에게 질문을 던졌다.

"예. 선생님, 디베이트 수업을 할 때 이러한 최종변론 단계에서 통계자료를 인용하거나 확실하게 자극을 주는 그림 자료들을 제시하면서 상대측의 오류를 지적하고 자기측의 정당성을 강조해야 한다고 생각합니다. 특히 통계자료를 원그래프나 띠그래프, 그림, 사진 등을 이용하여 자기측에서 주장하는 내용들을 구체적으로 설명을 덧붙여서 설득하여 많은 점수를 획득할 것 같습니다. 왜냐하면 시각적인 자료들을 가지고 입론과 반론을 거치면서 입증된 의견을 확고하게 밝히고 상대측과 판정인을 설득할 수 있기 때문입니다."

에덴반의 똑똑이 구성주가 지 선생님이 설명할 내용을 가로챈 듯 정확하게 설명했다.

"와우. 우리 성주 역시 대단해요. 성주가 발표한 내용대로 하면 디베이트 학습이 일품으로 이루어질 거예요."

에덴반 아이들은 최종변론에 대한 설명을 확실하게 이해하고 나서 판정하는 방법이 몹시 궁금했다.

"선생님, 판정하는 방법을 자세하게 알고 싶습니다."

하얀 얼굴에 약간 팔자걸음을 걷고 어떤 친구들과도 사이좋게 지내는 천재미가 큰 소리로 질문을 했다.

"재미가 질문한 것처럼 판정은 매우 중요한 단계이지만 어느 누가 판정을 하느냐에 따라 결과가 다를 수가 있지요. 따라서 자기 팀에게 불리한 결과가 있다고 하더라도 기꺼이 받아들이는 자세가 필요하다고 생각해요. 만약 그렇지 않다면 판정인들이 매우 곤혹스러울 것이겠지요?"

"선생님, 판정결과에 불복하면 어떻게 되지요?"

겁이 많은 고지순이 물었다.

"물론 다음 번 디베이트 수업에 참가할 자격이 박탈되겠지요. 그렇지만 우리 에덴반 아이들은 비신사적인 태도를 갖고 있지 않기 때문에 그러한 일들이 없을 것이고 선생님이 설명하는 판정하는 요령과 판정표를 보면 그런 일들이 일어나지 않을 것이라고 확신해요. 판정이란 토론의 마지막 단계인 최종변론이 끝난 후 토론의 승패를 결정해 주는 것을 말해요. 승패를 결정해 주는 판정은 토론의 흥미와 박진감을 더해 줄 뿐만 아니라 학급의 모든 학생들에게 역할을 주어 토론에 참여할 수 있게 하는 방법이 되기도 하지요. 처음에는 선생님이 판정의 시범을 보여주면서 판정의 필요성 및 판정하는 방법을 설명해 준 후 찬성측과 반대측 학생들을 제외한 모든 학생들이 골고루 판정을 경험 할 수 있도록 하는 것이 좋아요. 단, 선생님은 토론의 유형 및 학생의 토론 수준에 알맞은 토론 판정표를 준비하는 것을 잊지 말아야 해요. 판정인들이 정해지면 판정 기준표에 제시된 기준들을 자세히 설명 해 주어야 해요. 찬성측과 반대측 학생들의 이름을 적게 하고 각 단계마다 학생들이 개별적으로 어떻게 참여하는가를 나름대로 통계를 내게 하지요. 그리하여 객관적이고 공정하게 판정을 하게 하는 것이지요.

판정인은 홀수로 구성하는 것이 무승부를 막을 수 있어서 좋아요. 경우에 따라서는 무승부(Tie)가 되기도 하는데 교육토론인 경우에는 무승부가 되지 않도록 판정인을 홀수로 두고, 판정표의 영역도 홀수로 구성하는 것이 디베이트 학습에 흥미를 더해 갈 수 있는 장점이 있어요.

디베이트 학습에서 사용할 수 있는 여러 가지 판정표가 있을 수 있는데, 토론의 형태에 따라 알맞은 것을 선택하는 것이 좋아요. 여러분들에게 나누어준 학습지에 디베이트 학습 판정표 예시가 있지요? 바로 그런 것을 이용하면 판정을 쉽고 공정하게 할 수 있어요."

에덴반 아이들은 지 선생님이 나누어준 디베이트 학습 판정표 예시를 자세히 읽어 보았다. 그 곳에는 어느 누가 판정을 하더라도 쉽게 할 수 있도록 각 단계별로 '승' 혹은 '패'를 체크하게 되어 있었다. 그런 다음 그 개수를 더해서 승이 하나라도 더 많은 쪽이 토론 수업에서 승리한 것으로 발표하면 된다는 것을 확인할 수 있었다. 물론 지유엄 선생님은 입론과 반론 그리고 최종변론에서 찬성측과 반대측의 활동 내용 결과에 대해서 함께 이야기 하는 것도 이야기해야 한다는 것에 대해서 설명을 잊지 않았다.

"베스트 디베이터는 대개 각 팀에서 두 명씩 뽑는 것이 좋은데, 이때 한 명씩은 정말 결정적인 의견이나 자료를 제시한 아이들을 뽑고 나머지 한 명씩은 이전 디베이트 때보다 가장 많이 발전한 학생들을 뽑으면 좋아요."

지 선생님은 디베이트 학습을 통해 에덴반 아이들 모두를 한 단계씩 높은 수준으로 끌어올릴 수 있도록 베스트 디베이터를 선발하는 기준을 알려주었다.

"선생님, 어떤 경우의 아이가 그러한 예가 될까요?"

꿈이 자주 바뀌지만 현재까지는 요리사가 꿈이라고 하고 솔직한 태도로 생활하는 조바람이 물었다.

"작년에 찬성측 아이들 중에서 발표를 딱 한 번했고 그 내용도 그 다지 결정적인 것이 아니었던 아이들을 판정인이 베스트 디베이터로 뽑은 거예요. 그 이유를 판정인에게 물어보았더니 그 친구는 작년 5학년 때 한 번도 제대로 발표를 해 본 적이 없었는데 디베이트 수업 때 발표하는 것을 보고 칭찬을 통해 자신감을 넣어주려고 뽑았다는 거예요. 또 다른 경우의 예가 생각이 나네요. 발표는 제대로 하지 못했으나 베스트 디베이터로 뽑힌 아이가 있었어요. 그 아이는 이제까지 다른 친구들의 말을 전혀 듣지 않았었지만 디베이트 학습 때 듣는 태도가 너무 좋아서 베스트 디베이터로 뽑게 되었다는 것이지요. 어때요. 그 선배들이 잘 한 것인가요?"

평가 영역	평 가 항 목	판정 근거		판정(○표)	
		찬성측	반대측	찬성측	반대측
입 론 (주장 펼치기)	1. 주요 용어에 대한 정의의 보편타당성			승	승
	2. 주장에 대한 타당한 근거나 이유, 정보의 활용 능력			승	승
	3. 주장을 뒷받침하는 추론(논리 구성)과 설득력			승	승
반 론 (반론 펴기, 반론 꺾기)	4. 상대측 용어 정의에 대한 찬성 또는 상대의 표시와 근거 확인			승	승
	5. 상대측이 제시한 근거와 자료의 출처나 진위의 점검			승	승
	6. 상대측의 주장과 이유, 근거에 대한 결정적인 반론			승	승
	7. 효과적인 질문			승	승
	8. 질문에 대한 성실하고 적절한 답변			승	승
	9. 주장과 질문, 답변의 일관성			승	승
최 종 변 론 (주장 다지기)	10. 자기측 주장의 타당성 부각과 근거, 이유의 재구성 능력			승	승
	11. 상대측 주장의 부당성과 논리적 부조리 부각 능력			승	승
팀 운영과 예절	12. 팀원 간 협력과 역할 분담			승	승
	13. 발음, 목소리의 크기, 말의 빠르기, 신체적 표현의 적정성과 자신감, 예의바른 언행			승	승
합 계 (승수)					

지유엄 선생님은 평가를 할 때 상대방과 비교해서 하는 상대평가나 절대평가도 때로는 필요하지만 가장 귀한 평가가 자신의 과거에 비해서 발달한 정도를 평가하는 '자기발달평가'가 최고로 중요한 것이라고 수차례 강조했다.

"자, 그러면 이렇게 해서 디베이트 학습에 대한 설명을 모두 마치고 다음 주 화요일 국어 시간에는 '과학기술의 발달은 인간을 행복하게 했다.'라는 논제를 가지고 디베이트 수업을 해보기로 하겠어요. 그리고 모레 찬성측과 반대측, 판정인, 모둠장을 모두 뽑을 테니 자료들을 열심히 준비해 봐요. 선생님도 여러분들이 즐겁게 디베이트 학습을 할 수 있도록 최선을 다해서 돕겠어요."

에덴반 아이들은 디베이트 수업 방법에 대해서 자세하게 설명해 준 지유엄 선생님과 끝까지 열심히 공부했던 자신들에게 힘찬 박수를 보내주었다. 그들의 박수소리가 록산초교 복도에 퍼져나가고 있는 동안 공부시간을 마치는 시각을 알리는 음악소리도 함께 울리고 있었다.

> **TIP** 강추! 디베이트 논제 20개

1. 인터넷 게시판 실명제를 전면적으로 실시해야 한다.
2. 도시에서 생활하는 것이 농촌에서 생활하는 것 보다 더 행복하다.
3. 일본의 문화를 전면적으로 받아들여야 한다.
4. 우리나라의 4대강을 개발해야 한다.
6. 흥선대원군의 쇄국정책은 잘 펼친 것이다.
7. 초등학생들에게 학원 수강이나 과외교육은 필요하다.
8. 외모가 차별의 조건이 되는 것은 정당하다.
9. 우리나라에 원자력 발전소를 존치시켜야 한다.
10. 경제인의 입장에서는 다른 나라의 전쟁이 필요하다.
11. 우리나라는 자발적이고 적극적으로 온실가스 감축의무를 이행해야 한다.
12. 대통령의 공약들은 당선 후에 변경할 수도 있다.
13. 초등학교에서 영어와 수학과목은 수준별로 공부해야 한다.
14. 주택가에 CCTV를 설치해야 한다.
15. 친구들의 별명을 불러주는 것이 친구관계에 도움이 된다.
16. 유기농업을 확대해야 한다.
17. 대학입시에 국사과목을 꼭 포함시켜야 한다.
18. 선행학습을 단속해야 한다.
19. 남북통일은 가능한 빨리 이루어져야 한다.
20. 우리나라의 어려운 사람들보다 아프리카의 배고픈 아이들을 먼저 도와야 한다.

07 정보재택 학습

◉ 집에서 인터넷과 문헌 조사를 통해 문제를 해결하고 새로운 지식을 쌓아가자.

4월이 되어 지유엄 선생님은 가정에서 컴퓨터와 각종 문헌들을 활용한 정보재택 학습을 안내했다. 학습 주제는 '경복궁과 세계의 궁궐들 살펴보기'였다. 지유엄 선생님은 아래와 같은 내용으로 학습할 주제와 방법에 대해 학급 홈페이지에 올렸다.

경복궁은 조선시대에 이성계를 중심으로 한 조선 건국 세력들이 백성들의 마음을 고려에서 조선으로 돌리기 위한 목적으로 한양으로 도읍을 정하고 처음으로 지은 궁궐이랍니다. 경복궁이란 이름은 '오랫동안 복이 있기를 빈다.'는 뜻으로 정도전이 지었습니다. 이 궁궐은 임진왜란 때 불에 탔고, 그 이후 300여 년 동안 폐허로 버려져 있다가 재건하여 오늘에 이르고 있습니다. 그 후 경복궁은 일제침략기 때 이 곳 저 곳이 헐리는 운명을 맞게 되었습니다. 우리들은 4월 22일(금)에 경복궁으로 현장체험학습을 떠나려고 합니다. 미리 경복궁에 대하여 알아보고, 그 날은 우리들이 오늘 공부한 내용들을 직접 가서 보고, 만져 보면서 많은 느낌을 가지는 기회가 되길 바랍니다.

오늘은 정보 재택학습일, 어떤 순서로 공부를 하는지 궁금하지요? 다음과 같은 순서로 공부하는 것이 좋을 듯합니다.

선생님은 문제를 Q1, Q2, Q3 등으로 제시하면, 여러분들은 A1, A2, A3 등의 순서로 문제를 해결해 주세요. 우리 학급의 홈페이지 내 게시판에 여러분의 보고서를 올려놓고, 친구들끼리 서로 비교해 가면서 친구들이 잘한 점을 칭찬해 주는 댓글을 달아 주면서 서로 서로 배우는 기회가 되기를 바랍니다.

그러면 오늘 여러분들이 가정에서 각종 정보화기기와 문헌조사를 통해 학습할 주제를 안내하겠습니다.

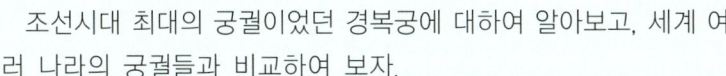

조선시대 최대의 궁궐이었던 경복궁에 대하여 알아보고, 세계 여러 나라의 궁궐들과 비교하여 보자.

Q1. 현재의 경복궁은 언제, 누구에 의하여 지어진 것인지 조사하여 보고 느낌도 함께 적어봅시다.

Q2. 다음 그림은 경복궁 안에 있는 어떤 건물이며, 그 곳에서는 어떠한 일들이 행해졌는지 자세히 알아봅시다.

Q3. 경복궁 내에 있는 건물들 중에서 우리나라 대통령 집무실에 해당하는 건물의 이름과 특색 및 그 건물 주변에는 어떠한 것들이 있는지 알아보고, 현재 대통령이 일하고 있는 청와대와 비교하여 봅시다.

Q4. 경복궁에 있는 '교태전'의 뒤로 돌아가면 그 이상 건물이 이어 지지 않고 나지막한 산이 나옵니다. 중국 산동성의 아름다운 산 이름을 모방한 '아미산' 이라고 합니다. 이 아미산은 경복궁에 있는 연못인 경회루의 흙을 파서 만든 것이라고 합니다. 아미산은 교태전의 뒤뜰이고 아름다운 화초와 괴석들로 꾸며놓은 인공 정원입니다. 아미산의 위층에 굴뚝 네 개가 있는데 그러한 굴뚝은 집에 붙여 짓지 않았고, 땅 밑으로 통로를 연결해서 지었습니다. 그 굴뚝의 사진도 복사하여 붙여보고, 이렇게 굴뚝을 집에 붙여 짓지 않은 까닭과 우리 집에 있는 굴뚝은 어떻게 장치가 되어있는지 비교하여 봅시다.

Q5. 다음에 제시한 그림은 조선시대의 왕이 계셨던 곳이면 어느 곳에나 놓였던 것이라고 합니다. 이 사진의 이름과 이 그림에 담긴 깊은 뜻을 찾아서 적어보고, 현대의 대통령들이 우리 조상들의 왕들로부터 본받아야 할 점들을 적어봅시다.

Q6. 세계의 박물관 중에는 프랑스에 있는 루브르 박물관이 유명합니다. 그렇다면 이 루브르 박물관은 박물관이 되기 이전에 어떤 건물로 사용되었는지 알아보고, 이러한 사실을 통해 프랑스인들의 지혜에 대한 느낌을 적어봅시다.

위의 여섯 가지 내용들은 수업시간에 선생님과 함께 그렇게 깊이 공부할 시간이 없지만 여러분들이 인터넷의 각종 포털사이트를 이용하거나 여러분들이 집에서 사용하고 있는 각종 서적을 참고해 보면 자세하게 조사하여 볼 수 있고, 그렇게 하다보면 흥미 또한 넘치게 될 것입니다.

Q7. 다음은 여러분들이 세계적인 건축가라고 상상해 보고 문제를 내보겠습니다.

만약 여러분들에게 현재의 한국 대통령이 생활하면서 국정을 기획하고 있는 장소인 대통령궁을 설계하여 건축해 달라는 부탁이 있다면, 어느 곳에 어떻게 설계하여 건축할 것인지 상상력을 발휘해서 적어 보기 바랍니다.

끝으로 선생님이 우리 학교의 최고 학년으로서 생활하고 있는 여러분들에게 깊이 부탁하고 싶은 것이 있습니다. 한 순간 한 순간을 헛되이 보내지 말고 우리 주변의 자료들을 정보로, 정보를 지식으로 만들기 위하여 혼신의 노력을 기울이기 바라며, 시대와 공간을 초월하여 많은 사람들을 행복하게 해주는 '지혜'를 갖춘 교양인들이 되길 간절히 기원합니다.

08 확실한 동기를 가진 영어 학습

◎ 영어는 외국어가 아니라 국제통용어이기 때문에 수시로 열심히 공부해야 한다.

　3월 둘째 주 첫 월요일 2교시, 국어 수업을 15분 정도 일찍 끝내고 에덴반에서는 올해의 영어 공부 방법에 대해 이야기를 나누기로 했다.
　"선생님, 졸업한 선배님들의 말에 의하면 영어 선생님이 지도하시는 것과 연관 지어서 우리 반 나름대로 영어 공부를 따로 한다는 데 올해는 어떻게 저희들의 영어 공부를 도와주실 건가요?"
　학원도 다니지 않았지만 어렸을 때부터 영어공부를 즐겨했고 5학년 때 영어 말하기대회에서 대상을 수상했던 구성주가 물었다.
　"성주가 영어공부에 역시 관심이 많구나. 올해의 영어 공부 방법을 이야기하기 전에 먼저 선생님이 여러분들에게 영어는 어떤 언어인지에 대해서 묻고 싶어요."

"영어는 전 세계적으로 통용되고 있는 중요한 외국어라고 생각합니다."

영어실력은 그다지 뛰어나지는 않지만 영어공부를 즐기는 한깔깔이 대답했다.

"영어를 알게 되면 초강대국인 미국과 영국인들이 과거와 현재의 모든 것들에 대하여 책으로 저술해 놓았기 때문에 다른 나라의 언어를 모를지라도 세계사, 경제, 국방, 사회, 문화, 정보산업 등 모든 분야에 대해 잘 알 수 있게 됩니다."

외국여행을 많이 다녀 본 경험이 있는 노지혜가 미소 띤 얼굴로 말했다.

"깔깔이가 발표한 것처럼 전 세계적으로 통용되고 있는 언어로서 외국어라기보다는 지구촌 시민들이 모두 알고 사용해야만 하는 국제어라고 생각합니다."

영어 단어를 많이 알고 있다고 소문난 장화해가 말했다.

"제가 알기로는 자본주의 국가들 뿐만 아니라 사회주의 국가들인 중국과 북한 심지어 쿠바에서까지 영어 공부를 열심히 시키고 있다고 합니다. 인터넷의 발달로 각 국가들끼리 경계가 없어지고 의사소통이 활발한 시대에 이르렀기 때문에 당연한 결과라고 생각합니다."

사회과에 깊이 있는 실력을 가지고 있는 정토론이 말했다.

"저희 아빠는 우리나라에서 전자회사에 다니시는 데 영어로 회의를 진행할 정도로 거의 모든 일들을 영어로 처리한다고 합니다. 그래서 화장실에서도 영어 공부를 멈추지 않고 계속하시고 학원도 일주일에 이틀 정도 다니면서 공부하고 계십니다. 저에게 항상 '영어가 학벌보다 낫다.'고 말씀해 주십니다."

사교육을 받지 않고 집에서 부모님과 함께 영어 공부를 하고 있는 나직설이 말했다.

"여러분들이 이야기 한 것들을 종합해 보면 결국 영어는 우리 시대의 모든 사람들이 반드시 공부해야만 하는 중요한 언어라고 할 수 있겠네요. 바로 이런 점들을 서로 확인할 필요가 있어서 물어 보았어요. 영어 공부는 언제 시작했느냐가 중요한 것이 아니라 영어 공부를 하게 된 동기가 너무 중요한 것이지요. 결국 영어 공부의 성과는 단순하게 나이나 학년만으로 결정되는 것이 아니라 영어를 배우고자 하는 학습 동기와 영어를 배우는 방법과 매우 깊은 관련을 가지고 있어요."

지 선생님은 영어뿐만 아니라 다른 과목들을 공부하는 첫 번째 시간에 꼭 하는 일이 그 과목을 공부해야만 하는 필요성이나 동기에 대해 이야기를 나누어 본 다음 목차를 통해 그 학기 동안에 공부하게 될 내용들의 전체를 살펴보았다. 지 선생님은 영어 공부를 직접 가르치지는 않지만 록산초교에서 4년 째 계속해서 영어교육을 담당하고 있는 입장이라 어느 누구보다도 영어교육에 대한 관심과 노하우가 많은 편이었다.

"선생님, 흔히들 영어는 어렸을 때부터 배우는 것이 효과적이라고 들었습니다. 영어를 꼭 그렇게 어린 시절부터 공부해야 하는지 궁금합니다."

외국어로써 방송 대본을 써서 전 세계에 우리나라를 알리고 싶은 꿈을 지니고 있는 김차분이 물었다.

"선생님이 우리학교의 영어 교육을 담당하고 있지만 영어 교육 전문가는 아니에요. 그렇지만 선생님과 30여 년 동안 사귀고 있는 친구가 영문학 박사이고 영문학 교수이기도 해서 그 친구에게 들었던 이야기를 들려줄게요. 그 친구는 영어 교육 시기가 빠를수록 좋다는 말은 커뮤니케이션 능력보다 발음 때문인 경우가 많고, 일반적으로 사춘기 이전에 영어를 시작하는 것이 좋지만 결정적 시기가 언제인지에 대한 의견은 발달단계, 개인별 특성, 학습 방법 등에 따라 다르다고 하더라구요. 결국 영어를 배우는데 가장 좋은 시기는 5세 혹은 11세라는 특정 나이가 아니라 학습자가 구체적인 학습목표를 갖고 자신에게 가장 적합한 체계적인 교육 프로그램을 찾았을 때라는 것이지요."

지 선생님은 차분이의 질문에 고등학교 동창 30년 지기인 교수 친구로부터 들었던 이야기를 참고로 해서 들려주었다.

"자, 선생님은 여러분들이 영어 공부를 하기 전이나 하고 나서 꼭 알고 있어야 되는 것이 영어 단어라고 생각해서 매일 2개 정도씩 단어를 써서 외우도록 하고 매주 수요일 아침마다 확인을 해 주려고 하는 데 여러분들은 어떻게 생각하나요?"

영어 공부의 당위성을 함께 이야기하고 난 지 선생님은 구체적인 영어 공부 방법을 제안했다.

"저는 선생님의 제안에 적극 찬성합니다. 그런데 그 영어 단어 2개 정도와 그 영어 단어가 들어있는 영어 문장도 함께 써서 외우는 것이 더 재미있고 효율적이라고 생각합니다."

미국에서 태어나서 5살 까지 살다가 우리나라에 들어온 진실로가 말했다.

"저도 실로에 말에 동의합니다. 그런데 영어 시간에 사용하는 영어 공책보다는 우리 반에서 별도로 공책을 만들어서 그곳에 쓰고 선생님께서 확인해 주셨으면 고맙겠습니다."

공책에 온 정성을 기울여서 글씨를 잘 쓰는 문바른이 말했다.

"그리고 한 달에 한 권 정도는 부피가 얇은 영어로 된 동화책을 읽고 그 책에서 인상적인 문장이나 소감을 영어로 적어보는 에세이를 썼으면 좋겠어요. 물론 강제 사항은 아니고 선택사항이에요. 선생님이 우리학교 영어 선생님들에게 물어 봐서 여러분들이 재미있게 읽을 수 있는 목록은 프린트해서 나누어 줄 예정이에요."

지 선생님은 6학년 아이들 정도면 50쪽 내외의 분량으로 편집된 영어 동화책 정도는 읽을 수 있을 것이라고 생각해서 선택과제로 권해 주었다.

"선생님, 저희들이 각자 공부한 영어 단어와 문장에 대한 평가는 각자가 달라서 함께 하기가 어려울 텐데요. 어떻게 하실 예정이신가요?"

영어공부를 별로 좋아하지는 않았지만 지 선생님이 제시한 영어 공부 방법은 부담도 덜 되고 스스로 재미있게 할 수 있겠다고 생각한 이지성이 물었다.

"지성이가 마침 좋은 질문했어요. 평가는 한 주일이나 두 주일이 지나고 그 공책에 자기 스스로 하면 돼요. 예를 들면 우리말을 영어로 바꾸라든지 영어를 우리말로 바꾸라는 식으로 하고 스스로 채점도 하게 되는 것이지요. 참, 한 가지 잊은 것이 있는데 각 단어와 문장을 쓸 때마다 번호를 표시하는 것이에요. 그러다 보면 연말에는 거의 600개 정도의 단어와 문장에 대해 공부했다는 사실을 알게 되고 어휘 테스트나 말하기 쓰기 대회뿐만 아니라 영어과 학업 성취도 평가에서도 좋은 성적을 얻게 될 것으로 확신해요."

"선생님, 그 주간에 특별한 사정이 있어서 혹시 몇 개씩 빠뜨려도 혼내지 않으실 건가요?"

숙제를 제때에 잘 하지 않는 서너 명의 아이들을 대표해서 오광활이 말했다.

"아 그렇지요. 선생님이 초등학교 시절에 가장 중요한 것이 무엇이라고 했지요?"

영어 단어와 문장 암기로 인해 괜한 부담감을 가지게 될 아이들이 있다는 것을 알고 있었던 지 선생님은 환한 미소를 띠며 관대한 마음을 표시했다.

"예, 어떤 과목이든지 최초부터 최후까지 꼭 지녀야 하는 것이 바로 흥미와 자신감입니다."

왕세련이 큰 소리로 대답했고 지 선생님의 너그러운 숙제 제시와 확인 방법에 대해 큰 부담을 느끼지 않았던 에덴반 모든 아이들의 마음에 평화가 찾아온 것 같았다.

09 변화를 만들어내는 독서

◉ 지식을 쌓기도 하면서 자신을 변화시키는 독서습관을 만들자.

　3월 3일 1교시, 6학년이 된 이틀째 되는 날, 에덴반에서는 지 선생님과 아이들이 협의해서 학급 규칙을 정하고 있었다.
　"선생님, 6학년이 되었는데 독서에 대해서 이야기를 나누어 보는 것이 좋겠습니다."
　독서를 꼼꼼히 하고 있는 진사유가 의견을 내 놓았다.
　"제 생각에는 일 년이 52주이고 여름 방학과 겨울 방학, 명절 휴가 등을 제외하면 학교에 오는 날은 대개 40주 정도 되는 것 같습니다. 그래서 일주일에 1권에서 3권 정도를 읽었으면 좋겠습니다."
　수 계산이 빠른 현수실이 말했다.

"수실이가 말한 것처럼 일주일 단위로 몇 권정도 독서하면 좋겠는지에 대해 다른 의견을 가진 사람 없나요?"

독서하는 것을 선생님이 일방적으로 강요하면 오히려 역효과가 있을 것으로 예상해서 먼저 아이들의 의견을 들어보고 결정하려는 의도를 갖고 있었던 지 선생님이 아이들에게 질문했다.

"저학년 때에 읽었던 책들의 분량이 권당 100쪽 내외로 적었으나 6학년 때 읽을 책들의 분량은 200쪽 내외로 부피가 꽤나 큽니다. 그래서 일주일 동안 책을 많이 읽기가 어렵고 학원도 다니는 아이들이 많기 때문에 일주일에 2권을 기준으로 시간이 많이 나는 주에는 3권을, 적게 나는 주에는 1권 정도를 읽도록 권장하는 것이 좋겠다고 생각합니다."

계획을 치밀하게 세워서 독서를 열심히 한 결과 록산독서황제를 꿈꾸고 있는 주도학이 말했다.

"찬성합니다."

에덴반 아이들 대부분이 주도학의 제안에 대해 찬성한다고 말을 했다.

"좋아요. 그러면 우리 반은 일 년 동안 주당 2권을 기준으로 해서 독서를 자유롭게 하는 것으로 정하겠어요."

지 선생님도 일주일에 2권 정도가 적당하다고 생각하고 있었기 때문에 아이들의 제안과 동의에 대해 흔쾌하게 승인했다. 이어서 독서하는 방법에 대해서 아이들에게 질문을 던졌다.

"그러면 우리 학교에서 배부하는 록산 독서기록장에 읽은 책의 제목과 지은이, 읽은 날짜, 부모님 및 선생님 확인을 받는 것과 독후감을 적은 난에 기록하기로 하는데 혹시 더 첨가해서 이야기할 것이 있나요?"

"록산 독서기록장 앞에 저희 학년에서 읽었으면 좋을 권장도서 목록 60권이 선정되어 있고, 앞으로 10월에 있게 될 록산 독서골든벨에 출제되는 문제들도 그 책들이 기본이 되기 때문에 독서 후 적게 되는 책 제목 밑에 권장도서는 '권'이라고 쓰도록 하고 선생님께서 확인해 주셨으면 좋겠습니다."

말수가 적었으나 실천력이 뛰어난 최신중이 말했다.

"신중아, 왜 그렇게 해야 하는지 말해 줄 수 있겠니?"

"저희들은 아직도 자신을 완전히 통제를 못하기 때문에 흥미 위주로 독서하게 되는 경향이 많습니다. 선생님께서 힘이 드시겠지만 그것을 확인해 주시면 다양하게 책을 읽을 수 있을 것 같아서 입니다."

최신중은 권장도서에서 독서골든벨 문제가 출제된다는 근거와 더불어 권장도서를 열심히 읽지 않을 수도 있다는 또 다른 확실한 근거에 대해 이야기 했다.

"신중이의 의견이 결국 여러분들이 책을 골고루 읽게 되는 장치를 마련하자는 이야기로 해석하고 싶어요. 거기에다 선생님이 한 가지 더 추가해서 제안을 하려고 해요. 우리 반은 매주 화요일 3교시가 국어 시간인데 이때에 반드시 록산도서관에 가려고 해요. 국어 수업을 조금 일찍 마치고 나서 책을 빌리거나 빌렸던 책들을 반납하는 기회로 활용하려고 하는데 무턱대고 독서하기 보다는 월별로 다음과 같이 독서계획표를 작성해서 독서했으면 좋겠다는 것이지요."

> **독서계획표 작성 요령**
> 1. 매월 읽을 책 목표(권수) :
> 2. 읽을 책 분야 및 제목 :
> 2. 독서 시간(예) : 점심시간 20분, 아침 자습시간 10분, 항상 책 휴대, 학원 다녀온 후 30분 등

지 선생님은 독서는 정신의 음식이라고 생각해서 편식이 몸에 해로운 것처럼 흥미위주나 과학, 동화, 만화 위주로 책을 읽게 되는 편독성향도 정신에 좋지 않다는 것을 함께 이야기 해 주었고 아이들은 공감했다.

"선생님, 사실 저희들은 독서의 중요성을 알고 열심히 독서를 하려고 하는데 잘 안될 때가 많습니다. 하지만 독서계획표를 작성해서 독서를 하게 되면 이전보다는 훨씬 더 독서를 체계적이고 알차게 할 수 있을 것 같습니다."

고지식할 정도로 진실 되게 생활하는 고지순이 말했다. 지순이는 휴식시간 뿐만 아니라 급식 시간 때에도 틈을 내서 독서를 열심히 하고 있는 아이였다.

"록산 독서기록장에 책을 읽고 나서 내용을 기록하는 요령을 알려 줄게요. 물론 선생님이 이야기하는 것을 그대로 실천하지 않고 자신이 필요한 방법대로 쓸 수도 있어요. 독후활동 보다도 중요한 것은 먼저 독서를 즐겨할 줄 알도록 분위기를 만들어 가는 것이기 때문이지요. 다음과 같이 쓰도록 노력해 보세요."

지 선생님은 독후 활동으로 읽은 책의 내용을 요약하고 자신을 변화시키는데 도움을 주는 방법을 앞 보드에 써 가면서 설명했다.

도서 요약 작성법

1. 지은이의 메시지를 작성한다.
   - 지은이의 주장, 의도, 목적으로 나누어 작성한다.
2. 지은이의 메시지를 직접적으로 설명하는 핵심 정보에 대해 책을 보면서 옮겨 쓴다.
   - 미리 체크 해 두었다가 독서 후에 옮겨 쓴다.
3. 옮겨 쓰기 한 내용을 주제에 따라 분류하고 재구성한다.
4. 감상이 들어 있는 생각 나누기를 작성한다.
   - 책에서 얻은 지식을 자신의 기존 지식과 연결하고 구성한 평가 결과를 작성한다. 즉 자신의 의견, 생각, 계획 및 다짐 등을 자유롭게 쓰거나 또 다른 정보들과의 연결 결과를 작성한다.
5. 퇴고한다.
   - 틀린 맞춤법이나 주제에서 벗어난 내용들을 가치 있게 다듬는다.

"선생님이 그동안 아이들을 지도하면서 강하게 느낀 점들이 있어요. 그것은 독서를 많이 했지만 실력이나 인성이 그다지 좋지 않은 아이들을 많이 발견한 것이에요. 다시 말해서 독서를 하면 사람이 멋지게 변해야 하는 데 변함이 없이 그대로이거나 오히려 지극히 이기적인 사람으로 변화될 수도 있다는 것이지요."

지 선생님은 바람직하지 못한 독서의 효과와 올바른 독서법에 대해서 이야기를 꺼내기 위해서 엄격한 표정과 무거운 목소리로 말했다.

"선생님, 저도 선생님께서 말씀하신 것에 대해 같은 생각이에요. 어떻게 하면 독서를 통해 저희들이 바람직한 사람으로 변화할 수 있는지 설명해 주시면 고맙겠습니다."

독서를 많이 해서 상식도 많고 성적도 우수하지만 일상생활에서 옳지 못한 행동을 해서 자기 스스로에 대해 후회를 할 때가 있었던 구성주가 말했다.

"독서를 하면 할수록 인격이 변하고 인생도 변화할 수 있는 방법을 설명해 줄게요. 독서를 많이 하고 독서에 대해 연구를 많이 했던 분들의 의견을 참고해서 설명할 거예요. 소위 '변화를 위한 독서 시스템을 만들자'라는 주제를 실천하는 방법이 되겠지요.

첫째, 자신이나 자기 자신의 주변에서 일어나고 있는 문제 인식을 위한 정보를 가져야 해요. 사람들이 변화를 만들어가지 못하는 가장 큰 이유는 문제 자체를 제대로 파악하지 못하기 때문이지요. 예를 들면 산에서만 살고 있는 사람은 바다에 관한 정보를 한 번도 접해보지 못했기 때문에 바다에 대해 생각하거나 관련된 이야기를 이해할 수 없겠지요? 만약 자신이 과학자가 되겠다는 꿈을 가지고 있다면 다른 분야의 책들보다는 과학 분야의 책들을 더욱 열심히 읽어야 한다는 말이지요. 그리고 수학실력이 부족한 아이들의 경우에는 수학공부를 재미있게 잘 할 수 있도록 안내해 주는 책을 읽어야겠다는 다짐이 필요하지요. 또한 혹시 건강하지 못한 아이들의 경우에는 건강을 유지하는 책들을 찾아서 읽어야 하겠지요.

둘째, 어떤 목표를 세울 것인지 목표를 세우기 위한 정보를 가져야 한다는 것이지요. 문제를 인식했다면 문제 해결을 통해 만들 수 있는 결과 즉, 목표를 찾아야 돼지요. 목표를 찾아내어야 문제해결의 기준이 나오기 때문이에요. 이 때 무작정 목표를 세울 것이 아니라 자신이 부족하여 변화를 했으면 좋겠다고 생각하고 있는 분야의 전문가 또는 어떤 성취를 이룬 위인이나 사회적으로 성공한 사람들의 정보를 통해서 목표를 정하는 것이 좋지요. 자신이 잘하는 분야나 부족한 분야의 책들을 찾기 위해서 그 분야를 전공하신 선생님들에게 물어 보거나 대형 서점에 비치되어 있는 서적 코너에 가서 살펴보아야 하겠지요.

셋째, 독서하는 방법을 결정하기 위한 정보가 필요해요. 자신이 가지고 있는 시간적 여유와 독서 수준에 관련된 정보들이 이러한 방법을 결정할 때 반영되어야 효과적인 계획을 세울 수 있기 때문이지요. 아까 우리들이 살펴본 독서계획표를 작성할 때와 같은 내용이에요. 독서를 할 때에 한 가지 분야의 책을 계속 읽게 되면 지루할 수 있기 때문에 여러 가지 분야의 책들을 돌아가면서 부분적으로 읽으면 더욱 효과적이 겠지요. 특히 읽기 어렵거나 싫어하는 분야의 책들에 대해서는 가장 집중이 잘 되는 시간을 이용해서 독서를 하게 되면 매우 효과적인 시간을 보낼 수 있을 거예요. 이러한 방법도 독서를 잘 할 수 있는 방법 중의 하나이지요."

지 선생님은 독서를 함으로써 자신을 변화시키는 방법에 대해서 열성적으로 설명해 주었다.

"선생님 말씀을 듣고서 생각이 난 독서관련 명언이 있는데 발표해도 되나요?"

독서황제를 꿈꾸면서 어느 누구보다도 열심히 독서하고 있는 진사유가 물었다.

"미래의 록산 독서황제님 말씀 해 주세요."

지 선생님도 진사유를 치켜 세워주는 말을 했다.

"영국의 철학자이자 정치사상가로서 유명한 존 로크라는 분이 한 말씀인데요. '독서는 지식의 재료만 줄 뿐, 그 자신의 것을 만드는 것은 생각의 힘이다.'라는 것입니다."

어느덧 시간이 흘러 여름 방학이 지나고 10월 중순이 되었다. 록산초교에서는 독서주간 행사의 하나로 '지식의 꽃 축제! 록산 독서골든벨'을 실시했다. 계푸른이 마지막 문제까지 맞추어서 친구들과 선생님들의 열렬한 박수를 받으면서 교장 선생님과 함께 골든벨을 울렸다. 에덴반의 큰 경사였다. 그리고 에덴반에는 독서와 관련해서 또 다른 기쁜 일들이 있었다. 그것은 주도학과 진사유가 록산 독서황제가 되어 상패와 함께 장학금을 받게 된 것이다. 독서황제는 1학년부터 6학년까지 읽었던 책의 내용과 감상을 적으면 각 권마다 먼저 담임선생님이 확인을 해 주면 도서관 선생님이 해당 급수 도장을 찍어 준다. 그렇게 해서 각 학년마다 150권을 읽으면 소위 1급 자격증을 받게 된다. 6년 동안 1급 자격증을 여섯 번 받게 되는 아이에게 수여하게 되는 자격증이 바로 독서황제 자격 축하 기념패인 것이다. 결국 독서황제는 초등학교에서 900권 이상을 읽고 독후감상문을 쓴 것을 확인받게 되는 셈이다.

지 선생님과 에덴반 아이들은 3월초 학급 규칙으로서 독서하는 방법에 대한 내용들을 치열하게 실천한 귀한 결실이라고 생각하고 매우 기뻐했다.

가장 바쁜 사람이 가장 많은 시간을 갖는다.

부지런히 노력하는 사람이 결국 많은 대가를 얻는다. | 알렉산드리아 피네

제4부

록산초교 6학년 4반 아이들의 아픔 극복기

사람과 물건에 대한 독점적인 소유욕을 절제할 줄 알아야 인생은 행복하다.

학급 내 절도 사건 해결 비법 01

집단 따돌림 극복기 02

01 학급 내 절도 사건 해결 비법

◉ 학급에서 흔히 일어나는 절도 사건도 이렇게 처리하면 모두에게 축제가 된다.

 여름방학을 이틀 앞두고 학기말 정리를 하던 지유엄 선생은 창밖으로 호왕산과 천혜산을 물끄러미 바라보고 있었다. 한 학기 동안 생활했던 일들을 회상하고 있을 때 교실문 쪽에서 노크 소리가 들렸다. 지 선생님이 들어오시라는 말을 하자 훤칠한 키에 화사한 정장을 한 여인이 교실로 들어왔다.
 "선생님 안녕하셨어요? 그동안 찾아뵙지도 못하고 이렇게 인사드리게 되어 대단히 죄송합니다."
 밝은 표정으로 정중하게 인사를 받은 지유엄 선생은 순간 당황했다. 이 분이 학생의 어머니인지 아니면 다른 일로 찾아온 사람인지 궁금했다. 그렇지만 지 선생님을 대하는 어투나 태도에서 학부모님일 것이라고 추측했지만 누구의 어머님이라는 것을 알 수 없었다.

'3월 초에 있었던 학부모 대상 교육과정 설명회 때 뵌 것 같기도 한데, 도저히 누구인지 모르겠는걸.'

지 선생님은 여러 아이들의 얼굴을 떠올려 보았지만 교실에 등장한 여인과 비슷한 이미지를 가진 아이가 누구인지 찾아내지 못했다.

"예, 안녕하세요? 누구 어머님이신지……"

"저, 김혜인이 엄마예요."

지 선생님이 바라본 엄마의 용모가 혜인이의 모습과는 너무도 달라서 전혀 혜인이의 엄마인지 알 수 없었다.

"아, 우리 똘똘한 혜인이 어머님이시군요. 이리로 오셔서 앉으시지요."

"우리 혜인이가 선생님을 만나서 얼마나 많이 변했는지 늘 선생님께 감사드리고 있습니다. 학기 초부터 혜인이를 통해서 들으셔서 아시고 계셨겠지만 저희 혜인이 아빠가 8월부터 영국 지사에서 근무를 하게 되어 전학을 가야만 한답니다. 저나 혜인이도 아빠같이 따뜻하게 대해 주시는 선생님께 끝까지 배우지 못하고 떠나게 되어 얼마나 아쉬운지 모른답니다."

대개 아이들이 전학을 가게 되면 가기 며칠 전에 알려주는데 혜인이는 학기 초 자기소개서에 "선생님, 저는 불행하게도 아빠의 영국지사 발령 때문에 제가 그토록 담임선생님으로 모시고 싶었던 분과 한 학기밖에 지내지 못하고 헤어져야 한답니다."라고 썼었던 것을 지 선생님은 기억했다.

"선생님, 그런데 지난 6월에 우리 반에서 일어났었던 도난 사건 있잖아요?"

"예, 어머님. 그 사건을 혜인이가 이야기했나요?"

"그럼요. 우리 혜인이는 집에 오면 학교에서 일어났던 일들을 거의 다 이야기하는 걸요. 어떨 때에는 선생님 표정이나 제스처까지 흉내를 내서 얼마나 재미있는지 몰라요."

지 선생님은 지난 번 도난 사건이 일어났을 때 아찔했던 순간부터 그 일을 해결하고 난 뒤의 뿌듯함까지 마음속으로 파도쳐 오고 있었다.

"저는 그 사건을 해결하신 선생님의 지혜에 대해 우리 혜인이 아빠뿐만 아니라 만나는 사람들마다 이야기했어요. 얼마나 큰 감동을 자아냈는지, 기회가 된다면 교육신문에도 '학급 내 도난사건 해결의 모범적인 교육 사례'로 보내 보려는 욕심도 가지고 있답니다."

지 선생님은 혹시 혜인이 엄마가 그 때의 상황을 정확하게 모르고 있을까 염려가 되어 혜인이 엄마에게 설명해 주기로 마음먹었다.

"혜인이 어머님, 우리 반에는 점심 식사 시간 때마다 아이들의 정서에 도움이 되는 고전 음악이나 아이들이 좋아하는 최신 가요로 음악을 들려주던 최지선이라는 아이가 있었어요. 그런데 금요일 6교시 수학시간이 끝날 때 즈음 지선이가 자기의 책상 위에 놓아두었던 빨간색 지갑이 없어졌다는 것을 저에게 알려주었어요."

"수업시간에 지갑이 없어졌기 때문에 의심할 여지없이 우리 반 아이들이 훔쳐간 것으로 밖에 생각할 수 없었겠네요?"

유난히 큰 눈을 가진 혜인이 어머니는 딸인 혜인이로부터 들었던 내용이었지만 그 상황을 지 선생님으로부터 다시 듣는 것을 흥미 있게 생각하면서 말을 거들었다.

"그 지갑이 쉬는 시간이나 교실을 비웠던 예체능 시간에 없어졌다면 다른 반 아이들의 행위라고 의심해볼 만하지만 이 경우는 우리 반 아이들의 행위임이 틀림이 없는 것으로 단정 지을 수밖에 없었어요."

지 선생님은 다소곳한 자세로 이야기를 경청하고 있는 혜인이 어머니에게 이야기를 계속했다.

"참, 우리 혜인이가 그러는데 분실된 그 지갑이 6학년 여자 화장실에서 발견되었다면서요? 그 안에 들어있었던 7천원만 쏙 빼내고……. 나중에 훔쳐간 아이가 돌려준 7천원 중 4천원으로 초코파이를 사서 반 전체 어린이들이 '위하여' 하면서 기쁘게 파티를 했다고 들었습니다."

지유엄 선생은 훔쳐간 어린이의 마음을 돌리게 하는 과정에서 묘책을 생각해내고 그것을 적용했던 상황이 떠올라 자신도 모르게 얼굴이 화끈거렸다.

"아이들은 6교시 수업이 끝나면 각자의 특활시간이나 학원에 가는 등 시간이 없어요. 그래서 금요일 다음날인 토요일에 있을 록산 사제동행 등산 때 훔쳐간 돈을 선생님께 가져다주면 선생님만 알고 모든 것을 용서해 주겠다고 말하고 아이들을 집으로 돌려보냈지요."

혜인이 엄마는 지 선생님이 말하는 모습을 보고 지 선생님의 아이들에 대한 사랑의 마음과 교사로서의 진지한 태도에 깊은 신뢰감이 더해 갔다. 혜인이 아버지는 우리나라에서 이름난 대기업의 임원으로 근무하고 있는 유능한 사람이었다. 그래서 '바람직한 조직문화 정착과 근무혁신의 과제'라는 주제로 지유엄 선생이 근무하는 록산초등학교 선생님들을 대상으로 연수강사로서 초빙되어 강의를 하기도 했다.

"학교 뒷산인 록산으로 사제동행 등산을 하면서 대단했다면서요?"
 이야기를 다시 이어가기 위해서 혜인이 엄마는 지 선생님에게 그 때의 분위기를 물었다.
 "아, 글쎄. 우리 반 아이들이 토요일까지 한 녀석도 고백하러 오지 않았지 뭐예요. 그래서 록산 정상에 올라서도 이제까지와는 다르게 물도 먹지 못하게 했지요. 다른 사람의 물건이 아무리 욕심이 나도 남의 물건을 가져간다는 것은 도둑놈이며, 잃어버린 사람의 고통만큼 훔친 사람도 고통을 받아야 한다고, 물건을 훔쳐 간 것 보다 양심을 속이는 게 더 큰 도둑이라고……. 그래서 물건을 찾기 전까지 우리 반 아이들 전체에게 모두 도둑놈들이라고 말하겠다고 엄하게 분위기를 다졌어요."
 지 선생님은 붉어진 얼굴로 감정이 약간 격앙되었었던 그 때의 분위기를 전했다.
 "록산 사제동행 등산을 다 마치고 록산 북쪽 등산로 아래에 위치한 정언사 앞까지 왔을 때까지도 성과가 없었다고 혜인이가 그러더라구요."
 혜인이 엄마는 마치 지 선생님의 마음속에 들어 있는 사람처럼 지 선생님이 이야기하려는 것들을 정확하게 거들었다.
 "록산 사제동행 등산이 끝나갈 무렵인 록산 아래 정언사 옆 집결지에 다 올 때까지도 고백하는 아이가 없어서 얼마나 당황하고 고심했는지 몰라요. 산행을 하는 내내 훔친 아이에게 상처를 주지 않고 일을 해결하는 묘안을 생각해 내느라고 애를 썼어요."
 "집결지에서 어떤 단체 기합도 주지 않으셨다면서요?"
 "기합으로 해결될 일이 아니라고 생각했고 다른 방법을 찾았지요. 그래서 이렇게 이야기 했어요. 선생님은 여러분들을 굳게 믿어요. 이러한 작은 도난 사건 때문에 선생님이 여러분들을 도둑놈이라고 하면서 어떻게 사랑으로 가르칠 수 있겠어요. 지선이의 지갑을 가져간 사람도 순간적으로 탐이 나서 스스로를 못이긴 것이지, 언제나 그런 것이 아님을 잘 알아요. 오늘 집에 가서 이 사건에 관해서 일기를 써 보도록 해요. 일기의 내용은 남의 돈이나 물건을 훔치는 행위, 나아가서는 다른 사람에게 피해를 주는 행위에 대한 자신의 견해와 함께 그러한 행동을 절대 하지 않겠다는 다짐도 들어 있으면 좋겠어요. 그리고 월요일에는 일기장을 직접 선생님께 제출해 주세요. 다짐이 담긴 일기를 다 쓴 다음 친구의 지갑을 가져간 사람은 일기의 끝부분에 포스트 잇 같은 아주 작은 쪽지에다 '선생님 죄송합니다.' 라는 말만 써서 붙여주길 바래요. 선생님은 그것을 읽은 즉시 떼어내어 버리고 모든 사람들에게 영원한 비밀로 할 것이며 기꺼이 고백한 그 용기에 칭찬을 아끼지 않고 이전과 똑같이 사랑해 줄 것을 약속해요. 왜냐하면 아까 이야기 한 것처럼 사람은 누구나 순간적으로 잘못을 할 수 있다는 생각 때문이에요."

지유엄 선생님은 그 당시에 에덴반 아이들을 대상으로 이야기 하는 것과 거의 똑같게 상황을 재현하듯이 말을 했다.

"생각할수록 대단한 아이디어셨어요. 어떻게 그런 생각을 하시게 되셨어요?"

혜인이 엄마는 몸과 마음이 들떠 있는 사람처럼 떨리는 목소리로 이야기 했다.

"록산이 에덴반 아이들을 사랑해서 준 큰 선물이 아닌가 생각해요."

지 선생님은 평소에 산을 신성시 여겨서 산에도 '영(靈)'이 있는 것 같다고 이야기를 많이 했다. 그는 틈만 나면 우리나라의 여러 산을 찾아서 마치 산과 대화를 하듯이 중얼거리는 습관이 있었다.

"아이들과 축제를 벌였던 돈 7천원은 어떻게 돌려받으셨나요?"

혜인이로부터 이야기를 들었으나 더욱 자세하게 확인하고 싶었던지 혜인이 엄마는 그 사건의 클라이맥스 격인 상황에 대해 물었다.

"월요일 아침, 저는 얼마나 간절한 마음으로 학교에 출근했는지 몰라요. 우리 아이들도 모두 같은 마음이었겠지요? 3교시 아이들이 음악실에 가서 공부하고 있는 동안 우리 아이들의 일기장을 정말 긴장된 마음으로 한 권씩 한 권씩 읽게 되었지요. 약 20명 정도 되는 일기장을 읽고 난 뒤에도 작은 쪽지가 발견되지 않자 더욱 조바심이 솟구쳤어요. 읽고 있었던 일기장들 중 거의 끝부분에서 기다리고 기다리던 그 귀한 쪽지를 발견했어요. 그런데 그 때 제가 얼마나 놀랐는지 아세요? 그러한 행동을 한 아이가 공부도 잘하고 제 일도 잘 도와주던 어느 곳 하나 나무랄 데 없는 모범생이었기 때문이에요."

"그 아이와 언제 그 내용을 상담하셨나요?"

혜인이 엄마는 고백을 했던 아이에게 마음의 상처를 주지 않고 어떻게 에덴반 아이들과도 잘 지낼 수 있게 했는지에 대해서 지 선생님으로부터 직접 듣고 싶었다.

"음악실에서 아이들이 교실로 돌아온 뒤, 용기 있게 고백한 친구가 있었다고 하자 아이들의 환호성이 터져 나왔고, 자신에게 정직한 그 아이는 오늘이 아니라 언제든지 선생님과 조용히 이야기를 나누자고 했지요. 그 다음날 에덴반 아이들이 모두 집에 가고 없는 시간인 오후 4시경에 친구의 지갑을 가져갔었던 아이가 지갑 안에 들어 있었던 돈 7천원을 가지고 교실로 왔었어요."

그 당시 상황을 이야기하는 지 선생님의 목소리가 가볍게 떨리고 있었다.

"그 아이가 매우 어려운 결단을 내렸군요. 그 돈을 가지고 선생님을 찾아간 13살 어린 아이의 마음을 상상해보면 가슴이 저리기도 해요."

혜인이 엄마는 역시 엄마의 마음으로 그 아이를 이해하고 있었다. 사람들에게 하늘의 마음을 알게 하기 위해서 엄마의 사랑을 느끼게 해 주었다고 하는 말이 꼭 맞는 것 같았다.

"그 아이의 엄마가 지나치게 검약하셔서 한 달에 용돈을 너무 적게 주셨기 때문에 언제나 부족했었다더군요. 그동안 적은 용돈으로 요리조리 잘 써왔는데 그 날 지선이의 지갑을 본 순간 갑자기 용돈을 좀 넉넉히 써보자는 유혹에 넘어가서 훔치게 되었다는 거예요. 막상 훔친 돈을 쓰려니까 너무도 마음이 아파서 '후회는 아무리 빨라도 늦다.' 라는 말씀과 '이 세상에 영원히 존재하는 비밀은 없다.' 고 하신 선생님의 말씀이 그 아이의 가슴을 마구 때렸다는 거예요. 마침 선생님께서 저의 자존심과 명예를 욕되지 않게 해 주셔서 감사드린다고 했어요. 그리고 앞으로는 결코 이런 유혹에 넘어가지 않겠다고 굳게 다짐을 하면서 눈물을 글썽거렸지요."

지 선생님이 이야기를 하는 동안 혜인이 엄마는 지갑을 훔쳐갔었던 아이가 다시 돌려주기까지 단순히 어떤 특별한 상황과 교육뿐만 아니라 그동안 지 선생님과 아이들 사이의 따뜻한 인간관계가 형성되었던 결과였다는 사실을 확인하게 되었다.

"저도 마음이 아파서 이렇게 말했지요. 사람은 누구나 한 번쯤은 남의 물건에 탐을 낼 수도 있는 것이란다. 선생님도 초등학교 3학년 때 공터에서 동네 형들과 축구를 하고 집으로 돌아오다가 배가 많이 고파서 형들과 함께 가게에서 몰래 사과를 훔쳐 먹고는 양심의 가책을 받아 며칠 후에 가게 아주머니께 잘못을 아뢰고 그 사과 값을 드렸던 일이 있었단다. 그 사건이 있은 후 내 마음 속에는 양심이라는 것이 있어서 그것을 벗어날 경우에 그 마음이 몹시 불편해서 절대로 부정한 행위를 하지 않게 되었지. 양심의 회초리가 너무 아팠기 때문일 거야. 사람은 누구나 자기의 행위로부터 교훈을 얻어내지 못하면 어리석은 행위의 반복으로 인한 악습이 자기 인생을 지배하게 되는 것이지. 그래서 실패와 아픔을 수시로 기념해야 되는 것이란다."

"우리 혜인이도 그 다음날 지갑 사건을 통해서 자기의 마음속에 웅크리고 있는 '타인의 피해를 통해 나만의 욕심을 채우려는 못된 이기심'을 보게 되었다며, '사람에게는 양심이라는 특별한 장치가 있기 때문에 이 세상은 반드시 아름답게 유지될 것이다.' 라고 하신 선생님의 말씀을 확인하게 되었다고 하더라구요."

지유엄 선생님은 혜인이 엄마에게 자신이 교사로서의 철학 이전에 인간으로서 지녀야 할 '양심'의 위대함에 대해서 힘차게 주장하는 데 열을 올리고 있었다.

그 해 여름방학이 시작되고 5일 후에 혜인이네 가족은 영국으로 떠났다.

이듬해 온누리가 싱그러운 5월 초에 있었던 록산초교 어린이날 기념 운동회가 열렸다. 그 때 운동장 뒤편의 청군 천막에서 아이들과 함께 경기를 관람하고 있었던 유난히 하얀 피부를 가진 아이가 반짝이는 큐

빅이 박힌 헤어벤드를 머리 위에 두른 채 밝게 웃으며 지유엄 선생님에게 꽃다발을 건넸다. 지난 해 에덴반에서 친구의 빨간색 지갑과 돈을 가져간 후 돌려준 바로 그 아이였다. 그 날은 그 아이 보다 1년 아래였던 동생이 6학년이 되어 운동회를 축하해주기 위해서 함께 참석했었던 것이었다.

02

집단 따돌림 극복기

◉ 오해가 풀어지면 집단따돌림이 집단화해와 집단접착제로 변화한다.

　지유엄 선생님은 록산초교에서 버스로 약 10여분 거리에 위치하고 있는 진선산 아래 수련원에서 모레 개최될 록산 가족캠프 준비를 마치고 집으로 돌아가고 있는 중이었다. 서울의 강변북로 옆을 흐르는 한강에 드리워진 달빛을 보며 좋아하는 노래를 흥얼거리면서 운전하고 있었다. 휴대폰에 새로운 전화가 걸려오는 음악소리가 차내에 울려 퍼졌다. 마침 한남대교를 건너가는 길옆에 차를 세운 다음 전화를 받았다.
　"선생님, 안녕하세요. 저 노지혜 엄마입니다."
　깊은 걱정이 있는 것처럼 낮은 톤에 떨리는 목소리였다.
　"예, 지혜 어머님 안녕하세요? 그렇지 않아도 소식이 궁금했는데요."

"선생님, 죄송합니다. 우리 지혜가 찬란 예술중학교에 입학하기 위해 열심히 노력했고 선생님께서도 많은 도움을 주셨는데 합격을 하지 못했습니다. 핑계이지만 준비기간이 짧았고 다른 아이들이 너무 잘해서 그런 것 같습니다."

"제가 먼저 전화를 드리려고 했었는데 국제중학교 원서를 써 주고 가족캠프를 준비하느라 정신이 없었습니다. 저는 오히려 잘 되었다고 생각합니다. 왜냐하면 지혜도 중학교 때 예술 학교를 진학하기 보다는 고등학교 때 예술고등학교를 진학하고 싶어 했었거든요."

지 선생님은 지혜 엄마의 입장을 위로하기 위해서 지혜가 지 선생님께 이야기 했었던 것 들 중에서 참고가 될 만한 말을 들려주었다.

"그렇지만 우리 지혜가 예중을 준비하는 중에 선생님께서 여러모로 배려해 주셨는데도 불구하고 기대에 부응하지 못했던 것 같아 거듭 죄송하게 생각하고 있습니다."

노지혜 엄마의 이야기를 들으면서 찬란 예술중학교 합격자 발표가 일주일 정도 지난 시점에 이렇게 전화를 한 이유가 무엇인지에 대해 지유엄 선생님은 마음속으로 많은 것을 생각해 내고 있었다. 그 순간 예술중학교 입학시험이 있기 10 여일 전에 지혜가 지 선생님의 책상 위에 놓고 간 편지의 내용이 뇌리를 스쳐갔다. 지혜가 지 선생님께 보내준 내용은 이런 것이었다.

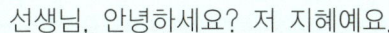

선생님, 안녕하세요? 저 지혜예요.

찬란 예술중학교를 지원하는 데 많은 도움을 주셔서 감사해요.

그런데 제가 요즘 힘든 일이 있어서 선생님께 도움을 구하고 싶습니다. 선생님께서도 잘 아시는 대로 그동안 저와 성숙이 그리고 선율이가 단짝이었는데 요즈음 성숙이가 선율이와 제가 말을 걸어도 응답도 하지 않고 외면하고 있어서 관계가 몹시 안 좋습니다.
    여러 가지 일로 바쁘시겠지만 서로 다투지 않고 즐겁게 학교생활을 할 수 있도록 선생님께서 도와주시면 고맙겠습니다. 저희들도 힘껏 노력하겠습니다.

선생님께 좋은 제자가 되고 싶은 노지혜 올림

    승용차에서 바라본 한남대교 다리 아래로 흐르는 한강물은 주변의 아파트들과 빌딩들의 조명 빛을 받아서인지 매우 윤택했고 도시인들의 애환을 담아서 무겁게 흐르고 있었다.
  "선생님, 그런데 죄송스러운 말씀을 드려야겠습니다."
  노지혜 엄마의 목소리는 낮은 톤으로 떨리고 있었다.
  "무슨 말씀인가요?"
  "선생님, 모레 있을 가족캠프에 지혜와 저희 가족 모두 참석 못할 것 같습니다."
  "그렇지 않아도 오늘 하교 전에 지혜가 그 날 할머니 생신잔치가 있어서 가족 캠프에 참석 못할 것 같다고 하더라구요. 그래도 초등학교 마지막 추억이 될 캠프가 될 것 같으니 부모님과 함께 잘 상의해서 가능한 참석 했으면 좋겠고 참석할 것인지 내일 다시 알려 달라고 했지요."
  지 선생님은 지혜가 말한 분위기를 짐작해 볼 때 가족캠프에 참석하지 못한다는 이유가 할머니 생신잔치 참석이 근본적인 이유가 아닐 수도 있다는 직감과 지혜 엄마의 전화 내용이 일치할 것이라고 생각했다.
  "할머니 생신잔치도 있지만 사실, 우리 지혜가 친구들로부터 따돌림을 당하고 있는 것 같아서 본인도 캠프에 참석하고 싶지 않다고 하더라구요."

지혜의 엄마가 말을 하고 있는 틈틈이 흐르는 눈물을 훔치는 소리가 전화기를 타고 들려왔다.

"지혜가 성숙이를 비롯해서 직설이, 세련이, 바른이, 선율이 특히 시원이에게 왜 자기를 따돌리는지 그 원인을 물어보면 다음에 답해주겠다고 하면서 말을 안해 주었다고 해요. 그런 친구들과 가족캠프 때 어떻게 얼굴을 마주 볼 수 있겠어요? 그래서 참석 못하게 되어 죄송하다는 말씀도 드리는 것이고 선생님께서 지혜와 친구들과의 갈등문제를 어느 누구보다도 잘 도와주실 것이라 여겨서 전화드렸습니다."

노지혜 엄마와 전화 통화를 하고 있는 시간 내내 지유엄 선생님은 온몸에 소름이 돋아났고 크나큰 후회가 밀물처럼 밀려들었다. 지혜의 편지를 받고 미리 잘 처리했었더라면 이런 고통스러운 상황이 없었을 텐데 별일 아니라고 미루어두었다가 터진 일이라는 생각이 들었기 때문이었다.

"지혜 어머님, 전화 잘 하셨습니다. 평소에도 아이들의 친구관계에 대해서 신경을 많이 쓰고 있었지만 제가 부족해서 이런 일이 생긴 것 같습니다. 미안합니다."

"선생님, 별 말씀을 다하시네요. 우리 지혜가 작년에도 심하게 따돌림을 당해서 다른 학교로 전학을 가고 싶을 정도였는데 올해 일 년 동안 선생님과 우리 에넨반 아이들의 도움으로 정말 행복하게 학교생활을 해 왔습니다."

노지혜 엄마는 지혜에 대해서 가능한 객관적으로 생각하면서 아이를 키우려고 노력하고 있었다.

"그러면 우리 지혜에게도 문제가 있다는 말씀이군요."

"선생님 그렇습니다. 지혜가 그 아이들에 대한 감정이 워낙 좋지 않아서 선생님께서 도와주시면 고맙겠습니다."

"지혜와 부모님, 저 그리고 우리 에덴반 아이들 모두가 노력해 봅시다. 희망을 가지세요. 저는 이러한 문제가 반드시 해결되어 우리 모두가 함께 웃을 수 있게 될 것으로 확신해요."

지유엄 선생님의 마음이 무거워졌다. 에덴반은 록산초교에서 가장 화목한 학급으로 소문이 나 있었고 아이들끼리 서로 서로 사랑하면서 생활하고 있다고 생각하고 있었던 지유엄 선생님의 기대가 실망으로 변했기 때문이었다. 그렇지만 절대긍정론자인 지 선생님의 마음 깊은 곳에서는 오히려 이러한 상황이 장차 아이들이 생활하는데 오히려 보탬이 될 수도 있다는 생각을 갖고서 문제를 해결할 궁리를 시작했다. 강변북로 한남대교 진입 전의 주차공간에 세워두었던 차를 다시 몰아 다리를 건너 집에 도착했다. 저녁식사를 마치고 지 선생님의 취미이자 특기인 산책을 하면서 내일 학교에 가서 해결할 구체적인 방안을 생각해냈다.

"지혜야, 잠깐 선생님과 이야기 좀 할까?"

이튿날 아침 지유엄 선생님은 학교에 출근하자마자 노지혜를 불러서 그동안에 있었던 일들을 물어보았다.

"지혜야, 그동안 다른 친구들이 부러워할 정도로 성숙이와 선율이 그리고 너 세 명이 단짝 친구였는데 왜 지금은 사이가 안 좋아졌지?"

"저와 선율이가 예술중학교 입시를 앞두고 악기 연주 연습을 하느라고 정신없이 생활하고 있었는데 갑자기 혼자가 된 성숙이가 저희들에게 자주 문자를 보냈어요. 그런데 선율이는 답장을 많이 해 주곤 했으나 저는 거의 답장을 못해주었어요. 핑계 같지만 제가 지원했던 찬란예술 중학교 성악분야는 노래뿐만 아니라 피아노 실기까지도 시험을 보았기 때문에 이리저리 너무 바빠서 휴대폰을 볼 시간도 없었고 거의 꺼 놓고 생활했었거든요."

평소에는 항상 여유 있고 웃음 띤 표정으로 말을 하는 지혜의 얼굴에는 고민의 그림자가 깊게 드리워져 있었고 말하는 중간에 한숨소리가 흘러나왔다.

"지혜의 말을 듣고 보니까 그동안 성숙이의 입장에서는 매우 서운할 수도 있었겠다."

관계가 나빠진 이유가 성숙이에게도 있지만 지혜에게도 그 원인이 있다는 것을 알게 해 주기 위해 지 선생님은 성숙이의 입장을 두둔하는 말을 했다.

"제가 알기로는 성숙이는 5학년 때에도 친구들에게 따돌림을 당했던 아픈 경험이 있어서 저희들과 정말 친밀하게 보내려고 노력했던 친구였어요."

그동안 이성숙은 노지혜에게 자기가 5학년 때 겪었던 어려움에 대해 숨김없이 털어놓았던 것이다. 지유엄 선생님은 노지혜의 말을 듣고서 성숙이의 입장을 더욱 깊이 이해하게 되었다.

"지혜야, 그런 사실을 알고 있었다면 틈나는 대로 휴대폰으로 성숙이가 보내순 문자메시지를 보고나서 간단하게 답장을 보내는 성의를 보여주어야 했지 않았을까? 성숙이의 입장에서는 가장 의지하고 있었던 친구라고 생각했던 지혜가 답장을 제대로 안해주니까 외롭고 서운했었던 거겠지? 진정한 친구란 친구가 힘들어 할 때 함께 하는 것이 아닐까?

물론 우리 지혜가 아까 설명해 주었던 것처럼 나름대로 어려웠던 상황이었기 때문에 충분히 이해가 되지만 말이야."

"선생님, 예술중학교 시험을 마치고 나서 성숙이에게 사과 문자 메시지를 세 번이나 보냈는데에도 답장을 해주지 않고 교실에서도 차가운 얼굴로 외면하곤 했어요. 그래서 저의 입장을 직설이와 시원이에게 자세하게 알렸고 서로 잘 지낼 수 있도록 도와달라고 했으나 기다리라고 해놓고 계속해서 연락이 없었습니다."

음악을 좋아해서인지 감정이 풍부한 노지혜는 말하는 동안 억울한 마음이 담긴 말을 할 때에는 목소리가 높이 올라가고 커졌다가 자신이 어쩔 수 없이 일어난 상황을 말할 때에는 낮아지고 가라앉기를 반복했다. 지혜의 눈에는 눈물방울이 송글송글 맺혀있었다가 자주 흘러내렸다.

"지혜야, 혹시 직설이와 시원이에게 서운한 것 없었니?"

지유엄 선생님은 나직설이와 허시원이가 중간에서 노지혜의 하소연을 성숙이에게 잘못 전달한 것이 원인일 수도 있겠다는 생각에서 노지혜에게 물어 보았다.

"사실은 성숙이가 너무 저에게 차갑고 매서운 눈초리로 대하길래 성숙이의 흠에 대해 직설이와 시원이에게 문자를 보냈으나 두 아이들이 그 내용을 성숙이에게 보여주어서 저희 둘의 관계는 더욱 안 좋게 되었어요. 저는 직설이와 시원이를 믿고 그랬는데 그 아이들이 이간질을 시키게 된 셈이 되었지요."

노지혜의 설명을 듣고 나서 지 선생님은 해결의 실마리를 찾게 되었다. 수업을 모두 마친 후에 같이 어울려 다니는 허시원, 나직설, 이성숙, 채선율, 왕세련, 문바른, 노지혜를 교실에 남도록 했다. 그리고 나서 나직설과 허시원을 불렀다.

"먼저 이간질을 시킨 나직설이와 허시원에게 일단 지혜가 성숙이를 험담한 것은 잘못했다고 사과를 했으니 너희들도 지혜와 성숙이에게 미안하다고 할 수 있겠니?"

"예, 저희들도 성숙이와 지혜의 사이가 안 좋아진 것에 대하여 정말 마음이 불편했어요. 죄송해요. 사과하고 용서를 빌겠습니다."

"고맙다. 너희들이 문제를 풀어서 화해하는 데 큰 역할을 할 것 같구나."

지 선생님은 이름처럼 성격이 솔직하고 꾸밈없는 직설이와 시원이가 고마웠다. 채선율은 노지혜와 가깝게 지내게 되면 성숙이와 함께 잘 지내는 아이들의 눈에 날까봐 무서워서 겉으로 어울려 다니면서 틈만 나면 화해를 시켜서 과거의 시절로 돌아가길 바라고 있었던 아이였다.

지 선생님은 이성숙을 불러서 화해의 분위기를 만들기 위해 편안한 분위기로 환한 웃음을 지으면서 이야기를 시작했다.

"성숙아, 선생님은 성숙이가 5학년 때 그렇게 힘들었었던 사실을 지혜가 이야기 해 주어서 알게 되었단다. 네가 또 다른 상처를 입지 않기 위해 친구들에게 얼마나 많은 노력을 하고 있었는지에 대해서도 충분히 이해가 간다. 선생님도 보다 빨리 도와주지 못해서 미안하구나."

이성숙은 에덴반에서 여자 아이들 중에서 키도 제일 크고 운동도 가장 잘하며 성신석으로 가장 성숙한 아이였으나 두 언니들이 대학생이고 사업으로 바쁜 부모님의 틈바구니에서 늦둥이로 외롭게 생활하고 있었다.

"선생님, 저는 학기 초부터 선생님께서 친구들을 외롭게 하지 말고 서로 먼저 이해하며 잘 지내자는 강조의 말씀을 지켰고 우리 반 아이들 모두 화목하게 잘 지내왔는데 저 때문에 요즈음 마음이 편치 않으시게 해 드려서 정말 죄송해요."

성숙이는 항상 공평하게 아이들을 대하고 이해하는 모습을 보여준 지 선생님에게는 불만이 없었고 한편으로는 미안한 마음이 많았다.

"성숙아, 지혜가 성숙이를 정말 좋은 친구로 생각하고 있고 예술중학교 지원하느라 성숙이에게 신경을 많이 못쓴 것에 대하여 미안한 마음이 많더구나. 우리 서로 화해하고 잘 지내볼 수 있겠니?"

"예, 선생님. 모든 것을 이해하고 잘 지내도록 하겠습니다. 저희들 을 위해서 이렇게 노력해 주셔서 감사합니다."

성숙이도 노지혜와 화해를 하면서 잘 지내고 싶은 마음이 굴뚝같았으나 연결해 줄 끈이 없었던 상태라 지 선생님께 정말 고마운 마음을 가지고 있었다.

"얘들아, 이리로 나오렴. 그동안 서로 마음고생 많이 했지? 우리 함께 화해의 손을 잡자."

에덴반의 지 선생님, 노지혜, 허시원, 나직설, 이성숙, 채선율, 왕세련, 문바른이 모두 마음을 모아 둥그렇게 원모양을 만들어 화해와 협동의 손을 잡았다.

에필로그

초등학교 6학년시절은
교실이 유토피아가 되어야 행복한 삶을 만들어 갈 수 있다.

『 초등6학년-성공적인 삶을 가꾸는 디딤돌 』을 통해 질풍노도의 시기인 사춘기를 보내는 아이들에게 즐겁게 공부하고 다른 사람들과 더불어 소통하고 화해하면서 행복하게 살아가는 모습들을 소개하였다. 가상으로 설정된 초등학교 6학년 교실에서 3월 2일 첫 만남과 각 과목에 대한 창의적인 공부방법들, 그리고 평범하지만 가장 빈번하게 발생하고 있는 교내 도난사건과 친구들 간의 따돌림 등의 사건들에 대해 해결해나가는 과정을 보여주었다.

이제까지 교사들과 학부모들은 초등학교 6학년 아이들을 사춘기 청소년으로 인정하기 보다는 초등학생이라는 어린이로서 취급해 왔다. 교사들은 나름대로 열심히 가르치고, 수업시간에 공부를 열심히 하라고 잔소리를 늘어놓으며, 그들을 이해하려고 노력한 것으로 충분했다고 생각했다. 학부모 또한 학교에서 선생님과 친구들과 함께 열심히 생활하고, 어려운 경제사정에도 불구하고 보다 깊이 있는 공부를 돕기 위해 사교육을 장려하면서 좋은 책을 골라 열심히 읽으라는 말을 하는 것으로 만족하는 경우가 많았다.

초등학교 6학년 아이들은 하루의 대부분을 학교에서 생활하고 있다. 그렇기 때문에 교실이 행복해야 그들의 삶이 행복해 질 수 있다. 교사들은 주어진 교육과정을 충실히 가르치면서도 학습의 주체가 바로 학생이라는 사실을 간과해서는 안 된다. 학생 개개인들이 공부를 하면서 교사로부터 일방적으로 지식을 전수 받는 것이 아니라 그들의 삶과 연결된 학습 내용들에 대해 친구들 및 선생님과 함께 대화하면서 알게 해 주어야 한다. 사람은 참여하고 있을 때 자신의 가치를 발견하게 되고 다른 사람과의 관계 속에서 참된 행복을 느낄 수 있다.

교사는 아이들의 완전성을 염두에 두고 그들이 공부하고 있는 것들에 대해 끊임없는 격려와 믿음을 바탕으로 배움의 기쁨과 공부에 대한 자신감을 가질 수 있는 사람을 만드는 데 힘써야 한다. 사교육 기관에 종사하는 관계자들도 쉽지 않은 상황이지만 이러한 일들을 도와줄 수 있는 역할을 수시로 점검해야 한다.

철학의 아버지인 소크라테스의 산파술과 문답법을 받아들여서 그와 유사한 학습 방법을 각 과목별로 소개했다. 하버드대학 최고 인기 교수 중의 한 사람이자 《정의란 무엇인가?》를 출간한 마이클 샌델 교수의 실제 강의를 여러 차례 시청했다. 그 역시 논의하고자 하는 주제를 학생들과 함께 인식하고 그것에 대해 3명에서 5명 정도의 학생들에게 묻는다. 그리고 그 분야에서 이제까지 발전적인 영향을 끼쳤던 수많은 학자들의 이름과 이론들에 대한 예를 들어주면서 변증법적인 대화를 통해 학생들 스스로 이해하도록 적극 도와주는 것이 인상적이었다. 크게 보면 교수와 학생들의 토의와 토론을 통해 문제를 해결하고 그 만족감을 안겨주는 수업방법이다. 학생들은 마이클 샌델 교수와 함께 이야기를 나누면서 구성주의 학습에서 추구하는 최고의 목표인 '아하 그렇구나!'의 경지에 이르게 된다. 진실이나 진리를 깨닫는 참 기쁨을 맛보게 되는 것이다.

록산초교 6학년 4반의 별명인 에덴반의 지유엄 선생님과 28명의 아이들은 현실에 존재하지 않는 가장 이상적으로 꾸며낸 인물들이다. 어쩌면 그러한 사람들은 우리 교육현장에 존재할 수 없을지도 모른다. 상상력을 발휘해서 교사와 아이들의 특성에 알맞게 이름을 지었다. 가상의 초등학교 6학년 교실에서 지유엄 선생님이 들려주는 수많은 내용들은 그 분야의 전문적인 학습 요소들을 풀어서 설명해 주는 것이다. 아이들의 질문이나 대답 또한 실제로 초등 6학년 아이들만의 생각이 아니라 그러한 상황에서 있을 수 있는 가장 수준 높은 내용의 개연성을 그려본 것이다. 등장하는 아이들 모두가 완벽에 가깝기 때문에 질리기도 하고 다소 불쾌감을 줄 수도 있다.

과장되고 완벽에 가까운 록산초교의 시설들과 에덴반의 지유엄 선생님 및 아이들의 설정에 대해 이 책을 읽는 독자들이 어떻게 이해할 지 궁금하다. 책에서 소개되고 있는 것들은 그동안 필자 또한 오래도록 깊이 있게 제대로 실행하지 못하고 있는 공부방법론과 인성지도 방법들이라는 사실을 고백하지 않을 수 없다. 각 장에서 다루어지고 있는 내용들이 학교현장의 학생들과 교사들에게 친절하면서도 적용력이 100%인 각론이라기보다는 총론의 성격을 지닌 하나의 학습방법에 불과하다는 것을 밝히고 싶다.

가소성이 막바지에 이른 초등학교 6학년 시절은 미래에 펼쳐질 자신의 삶이 행복할 것이냐 혹은 불행할 것이냐를 결정짓는 운명적인 시기라고 생각한다. 교육은 정말 행복한 사람을 만드는 것이다. 각각의 아이들이 지닌 재능을 발견할 수 있도록 각 과목의 특성에 알맞은 공부방법의 실행을 통해 다른 사람들과 잘 소통하고 화해할 수 있는 능력을 키워주는 것이 교육의 목표라고 생각한다.

진심으로 아이들이 공부를 즐기고 그들이 지닌 잠재력을 끌어낼 수 있는 교육, 교실이 배움의 유토피아가 되며 그 곳에서 터득한 지혜가 행복한 우리 사회를 만들어 가도록 해야 한다.